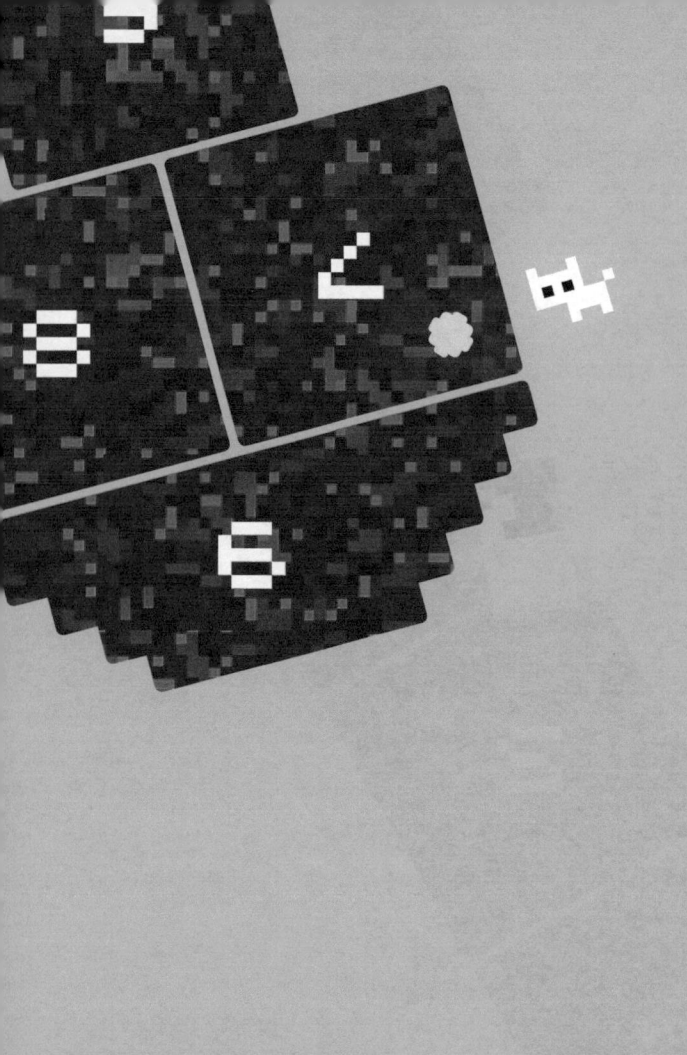

游戏化教学法

尚俊杰　曲茜美　主编

高等教育出版社·北京

图书在版编目(CIP)数据

游戏化教学法 / 尚俊杰, 曲茜美主编. -- 北京:
高等教育出版社, 2019.7 (2025.8重印)
ISBN 978-7-04-050221-3

Ⅰ.①游… Ⅱ.①尚…②曲… Ⅲ.①教学法-教师教育-教材 Ⅳ.①G652

中国版本图书馆 CIP 数据核字 (2018) 第 168551 号

游戏化教学法
YOUXIHUA JIAOXUEFA

策划编辑	高瑜珊 王雅君
责任编辑	王雅君
书籍设计	姜 磊
插图绘制	于 博
责任校对	李大鹏
责任印制	赵义民
出版发行	高等教育出版社
社 址	北京市西城区德外大街4号
邮政编码	100120
印 刷	北京盛通印刷股份有限公司
开 本	787 mm×1092 mm 1/16
印 张	12.5
字 数	250 千字
购书热线	010-58581118
咨询电话	400-810-0598
网 址	http://www.hep.edu.cn
	http://www.hep.com.cn
网上订购	http://www.hepmall.com.cn
	http://www.hepmall.com
	http://www.hepmall.cn
版 次	2019年7月第1版
印 次	2025年8月第3次印刷
定 价	42.00元

本书如有缺页、倒页、脱页等质量问题,
请到所购图书销售部门联系调换
版权所有 侵权必究
物 料 号 50221-00

内容提要

本书是北京大学教育学院教育游戏团队的研究成果,配套同名课程入选首批国家精品在线开放课程。本书从游戏的教育价值和游戏化教学的相关理论研究开始谈起,为读者介绍了游戏化教学在课堂上应用的两种方式:一是将游戏应用于教学活动,二是将教学活动设计成游戏;还进一步介绍了游戏化教学在准备、导入、新授、练习、总结和复习环节中的应用,并配以相应的案例和点评。同时,本书结合当前教师们常用的探究性学习、翻转课堂和合作学习,介绍了游戏化教学在其中的应用方式,试图结合多种教学模式的优势,既减轻教师的负担,也让学生乐在其中。本书还讨论了游戏化教学的指导策略、评价以及未来的发展等。最后,本书单独设置游戏化教学案例一章,希望为读者提供更多来自一线的教育智慧,帮助读者更好地理解书中内容,将游戏化教学实实在在地应用到课堂中,让教师成为游戏化教学的小能手。

本书适合幼儿园、中小学一线教师以及对游戏化教学感兴趣的研究者和学习者使用,还可供游戏产业设计和开发人员参考使用。学习者可登录"爱课程"网中国大学MOOC频道找到"游戏化教学法"课程进行在线学习。

《游戏化教学法》编委会

主　任：尚俊杰

副主任：曲茜美

委　员：胡若楠　　朱　云　　蒋　宇

　　　　曹培杰　　裴蕾丝　　肖海明

　　　　贾　楠　　张　阳　　聂　欢

　　　　王杨春晓　刘晓娟　　钟旻敏

　　　　马　潇　　张　露　　金嘉炜

　　　　曾嘉灵　　马斯婕　　赵晓伟

前　言

游戏化是将游戏、游戏元素或游戏机制应用于非游戏情境中的一种方法，旨在提高用户参与度、用户黏度和用户忠诚度。过去几年，游戏化已在政治、经济和社会事务领域产生了巨大的影响，微信红包是游戏化典型的例子。游戏化在教学过程中的作用很早就受到教育界的广泛关注。在教学中应用游戏、游戏化元素或游戏机制，可以激发学生学习动机，提升学习效果。目前，游戏化教学是教育技术领域的研究热点，在基础教育和高等教育等领域取得了长足的发展。

自2004年，我到香港中文大学攻读博士学位时就跟随导师开始研究游戏化教学，这10多年来一直将游戏化教学作为自己的重要研究方向，并在游戏化教学领域承担了10多项相关的研究课题，包括国家社会科学基金项目、教育部人文社会科学研究项目、北京市教育科学规划课题、教育部－联合国儿童基金会项目等。依托这些项目或课题我们团队发表了不少论文，还出版了一些图书，这些成果为这本书的编写打下了一定基础。

2015年，我们团结全国的研究者、实践者和一线教师成立了中国教育技术协会教育游戏专业委员会。教育游戏专业委员会在过去的几年内多次举办教育游戏研讨会，组织教师开展研究，致力于团结科研机构、企业、基层教育机构和学校的力量，推动信息技术环境下的教学创新。这些工作为本书收集一线教育案例、一线教师深化对游戏化教学的认识奠定了基础。

近年来，随着大规模在线开放课程（MOOC）在全球的迅速兴起，为了顺应信息技术与教育教学深度融合的需求，在高等教育出版社和北京大学教育学院汪琼教授的支持下，我和团队成员一起设计和开发了"游戏化教学法"MOOC，并于2016年7月30日第一次在"爱课程"网中国大学MOOC频道开课。这门课程自开课以来每一期都有一万名左右的学员选课，并受到广大一线教师以及对游戏化教学感兴趣的大学生及企业人员的欢迎和认可。有很多学员希望能有和MOOC相配套的书，这样能更加方便其重复学习和拓展研究。因此，综合"游戏化教学法"MOOC的内容、学员们的反馈，我们依托MOOC和相关研究课题，对游戏化教学再次进行深入研究，调整内容，完成了这本书的编写。我们试图帮助读者成为游戏化教学的小能手，并和读者一起了解：游戏如何激发学生的学习动机？如何帮助学生巩固知识？

本书共六章。第一章主要阐释理论内容，和大家一起探讨三个问题：游戏真的有教育价值吗？游戏真的能用到课堂教学中吗？你了解游戏化教学的相关概念吗？

在了解了这些基本概念之后，进入第二章的学习——游戏化教学准备。这一章主要介绍了游戏化教学的两种方式：一是将游戏应用于教学活动，二是将教学活动设计成游戏。另外，我们还为读者介绍了如何选择合适的游戏以及开发教育游戏的基础知识。

在第三章，根据课堂教学的四个环节，我们分别介绍了如何在导入、新授、练习、总结环节中应用游戏化教学法。同时，很多一线教师反映新学期伊始和复习阶段也希望能通过游戏化教学法来组织教学，因此读者在本章也可以看到关于在新学期准备和复习阶段中应用游戏化教学法的内容。

第四章是游戏化教学的进阶内容。探究性学习、翻转课堂和合作学习目前已是很多一线教师耳熟能详的教学模式，第四章将和读者一起学习游戏化教学在探究性学习、翻转课堂和合作学习中的应用。这一章试图集中各种教学模式的优势，让课堂焕发出最大的活力，既减轻教师的负担，也让学生乐在其中。

第五章主要介绍游戏化教学指导策略、游戏化教学评价，并且探讨如何为游戏化教学保驾护航。本章最后对游戏化教学的未来进行了展望。

很多一线教师希望有更多案例可借鉴，因此第六章精选了几个游戏化教学案例，每个案例都附有专家点评，旨在给读者更多关于游戏化教学应用的启发。

本书的亮点之一是，每章理论学习之后都有相应的案例推荐，并附有专家对案例的点评分析，让读者在学习理论知识的同时，能更好地将知识应用于课堂教学。本书的亮点之二是，我们以一线教师日常生活中的场景为线索，引出各个部分的内容，以加强读者的代入感。本书的亮点之三是，每章提供了大量的媒体素材，即使在"游戏化教学法"未开课时，读者也可以通过扫描二维码获取相关的视频资源。

本书编写分工如下：第一章由尚俊杰完成；第二章由尚俊杰、肖海明、朱云完成；第三、四章由曲茜美、曹培杰完成；第五章由蒋宇、尚俊杰、裴蕾丝完成；第六章由胡若楠、曲茜美完成。贾楠、张阳、聂欢、王杨春晓、刘晓娟、钟旻敏、马潇、张露、金嘉炜、曾嘉灵、马斯婕、赵晓伟在本书的编写过程中也付出了辛苦的劳动。全书最后由尚俊杰、曲茜美统稿。本书在编写过程中得到了很多人的支持：感谢北京大学汪琼教授；感谢"爱课程"网高瑜珊编辑，感谢高等教育出版社教师教育事业部的编辑们；感谢"游戏化教学法"MOOC的助教——张月、朱芹、孔恬恬、李晓杰、徐微，感谢刘京鲁、尚鹏杰在MOOC视频拍摄开发过程中的辛苦劳动；感谢为我们提供案例的一线教师（按拼音排序）：鲍晨晨、陈蕾、陈曦、韩静波、侯蕊、胡明玉、黄诗薇、孔佩文、孔恬恬、李靖、孙超、王佳圆、王丽娜、杨彪、杨丰忆、杨易、应佳雯、赵姜燕、赵艳辉。本书得到了国家社会科学基金"十三五"规划2017年度教育学一般课题"基于学习科学视角的游戏化学习研究"（编号：BCA170072）的支持。

  学无止境，因水平所限，书中难免有不妥之处，还请读者不吝赐教，以便我们后续改进。希望本书能抛砖引玉，促进大家更多关注游戏化学习和教学。

北京大学副教授，博士生导师
教育学院副院长，教育技术系主任，
学习科学实验室执行主任
中国教育技术协会教育游戏专业委员会理事长
中国人工智能学会计算机辅助教育专业委员会副理事长
2018年11月于北京大学

第一章
认识游戏化教学

第二章
游戏化教学准备

第三章
游戏化教学在不同教学环节中的应用

第四章
游戏化教学在不同教学模式中的应用

第五章
对游戏化教学的思考与展望

第六章
游戏化教学案例

参考文献

目录

第一节　游戏真的有教育价值吗 / 5
第二节　游戏真的能用到课堂教学中吗 / 17
第三节　你掌握游戏化教学的相关概念了吗 / 27

第一节　人们为什么喜欢玩游戏 / 41
第二节　游戏化教学有哪些方式 / 47
第三节　如何为教学活动选择游戏 / 61
第四节　如何将教学活动游戏化 / 68
第五节　如何开发一款教育游戏 / 71

第一节　在准备环节中如何进行游戏化教学 / 83
第二节　在导入环节中如何进行游戏化教学 / 85
第三节　在新授环节中如何进行游戏化教学 / 89
第四节　在练习环节中如何进行游戏化教学 / 93
第五节　在总结环节中如何进行游戏化教学 / 96
第六节　在复习环节中如何进行游戏化教学 / 98

第一节　在探究性学习中如何进行游戏化教学 / 109
第二节　在翻转课堂中如何进行游戏化教学 / 115
第三节　在合作学习中如何进行游戏化教学 / 125

第一节　教师如何指导游戏化教学 / 141
第二节　如何评价游戏化教学 / 143
第三节　如何为游戏化教学保驾护航 / 146
第四节　游戏化教学未来的发展 / 154

第一节　"小熊搬家"教育活动 / 167
第二节　绘本《七只瞎老鼠》教育活动 / 170
第三节　Recycle 1（1—3单元复习）/ 173
第四节　快乐支撑，游戏童年 / 177
第五节　"搭配中的学问"教学 / 180
第六节　"我是小小调度员"教学 / 183

第一章
认识游戏化教学

○ **学习目标**

了解游戏的教育价值

理解游戏的三层核心教育价值

掌握游戏化教学的相关概念

初步将游戏应用到课堂中

  小张是一名小学老师,她热爱课堂,热爱学生,但有时候课堂气氛沉闷、学生毫无激情,甚至她自己都有点期盼下课铃声。"到底如何能让我的课堂受到学生的欢迎呢?"小张老师有点苦恼。

  在一次全校教师大会之后,她找到教导主任表达了自己的困惑。从教导主任那里,小张老师知道了游戏这一神秘的力量,据说游戏可以改善课堂教学效果,调动学生的学习积极性。于是,小张老师就此踏上了游戏化教学的探寻之旅。

知识导图

游戏
真的有价值吗？

> 增强学习动机？　　> 学习知识？

> 提升能力？　　　　> 培养情感态度与价值观？

相关概念

游戏

教育游戏

游戏化

游戏化学习 / 教学

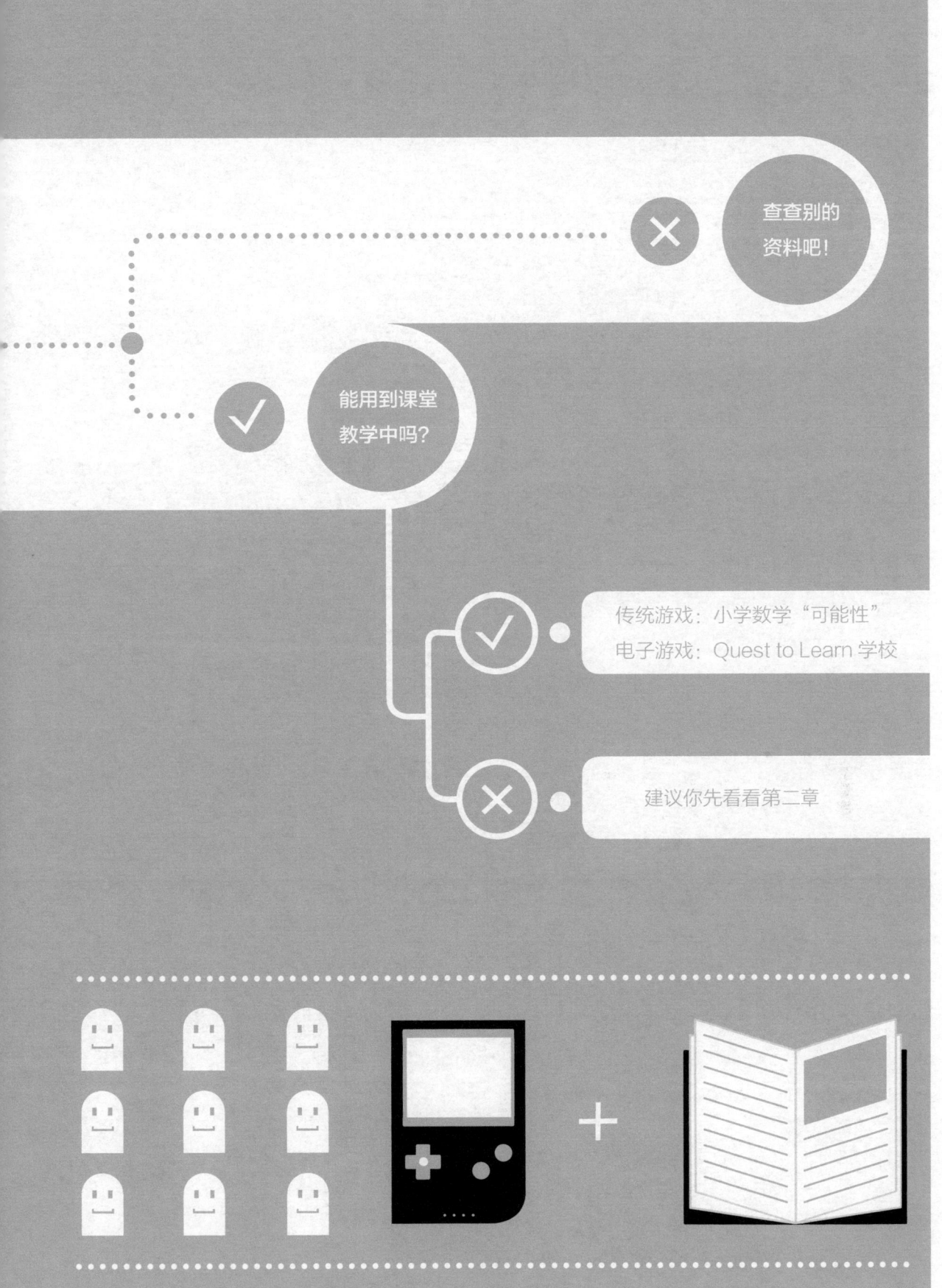

第一节　游戏真的有教育价值吗

谈起游戏，大家可能首先会想到游戏中的色情、暴力及其他反社会行为等负面因素，但是也有许多学者认为，游戏的价值远大于它的负面影响，我们可以利用游戏具有趣味性的特点，将游戏运用到教育中，让学习更有趣。学生通过游戏"做中学"，不仅能够增强学习动机，学习知识，提升问题解决能力、创造力、协作能力等高阶能力，还能够培养情感态度与价值观。

一、增强学习动机

我们先来看两张在网上流传得很广的照片（图1-1）。在左侧图片中，大家能看到椅子背，但是看不到椅子腿，椅子腿哪里去了呢？据说某一年发大水，网吧老板说："再苦不能苦孩子，停啥也不能停网吧。"因此他将电脑主机放到桌子顶上，孩子们坐在水里打游戏。再看右侧图片，一位年轻人头缠绷带、专心致志地在打游戏轻伤不下火线，这是一种什么精神呢？

这些图片或许有点夸张，但确实从某种程度上说明了现在的青少年包括成人对游戏的痴迷。事实上，我们已经无法阻止他们玩游戏了，只能想办法将游戏用到教育中，利用游戏的趣味性等特点激发他们的学习动机，让他们能够高高兴兴地学习。[1][2]

学习动机是教育领域一个亘古的主题。当前，尽管教学条件越来越好，但是学生的学习动机却堪忧。有报告显示，在美国，大约50%的高中生认为他们老师的教学是不吸引人的，另有超过80%的学生认为教学材料是无趣的。在中国，

---
[1] 尚俊杰，裴蕾丝.重塑学习方式：游戏的核心教育价值及应用前景[J].中国电化教育，2015（5）：41-49.
[2] 尚俊杰，庄绍勇.游戏的教育应用价值研究[J].远程教育杂志，2009（1）：63-68.

1 > 图1-1
谁能阻挡他们玩游戏？

学习动机缺失的学生也是大量存在的。其实大家仔细想一想：每个孩子刚入小学的时候，是否都是高高兴兴地跑着去呢？那学校到底用了多长时间就让部分学生不那么高兴了呢？或者说，是什么让他们逐渐失去学习动机了呢？

游戏到底能否激发学习动机呢？让我们先来看一个例子：图1-2展示的是一个英语排序题游戏——《猴子把戏》（Monkey Bussiness）。排对顺序，猴子就走过去了；排错顺序，猴子就掉下来了。大家想一想：会不会有学生喜欢玩这个游戏而学会了一些英文句子呢？

香港中文大学李芳乐和李浩文教授曾开展一项名为"虚拟互动学生为本学习环境"的研究项目。这个项目有一个名为《农场狂想曲》的游戏（图1-3）——学生通过模拟管理农场，学习农业、经济等相关知识，并培养创造力、问题解决能力等高阶能力。实验结果表明，游戏确实能够激发学生的参与动机。事实上，还有许多研究都表明，基于游戏的学习方法确实比传统的学习方法更能调动学生的积极性。①②

其实，在传统游戏时代，像福禄培尔、蒙台梭利、皮亚杰、杜威等著名学者都论述过游戏的价值。著名的教育家布鲁纳提出的认知发现学习理论对教学实践产生了巨大的影响，该理论就特别强调学生学习的主动性和内在动机对学习的重要性。布鲁纳认为游戏是一个充满快乐的问题解决过程，因此它能提高儿童的问题解决能力，其原因可归纳为以下三点：第一，游戏能促使儿童自发地进行探索，调动儿童的主动性；第二，游戏能降低儿童对结果的期望和对失败的畏惧，使儿童沉浸在游戏的过程中，激发其内部动机；第三，游戏能为儿童提供在各种条件下大量尝试的机会，激活儿童的思维，使知识的获得、转化、评价过程通过游戏得以实现。因此，布鲁纳建议在教学中加入游戏以提高儿童学习的效果和效率。

当然，我们也不得不承认，有学者对游戏激发学习动机提出了质疑，比如：

---

① ALL A, MAREZ L D, LOOY J V. Cognitive abilities, digital games and arithmetic performance enhancement: a study comparing the effects of a math game and paper exercises [J]. Computers & Education, 2015, 85(C): 123-133.
② JONG M S Y, SHANG J J, LEE F L, et al. Learning online: a comparative study of a situated game-based approach and a traditional web-based approach[M]// PAN Z P, LI L, DIENER H. Proceedings of edutainment 2006: International Conference of E-Learning and Games, 2006: 541-551.

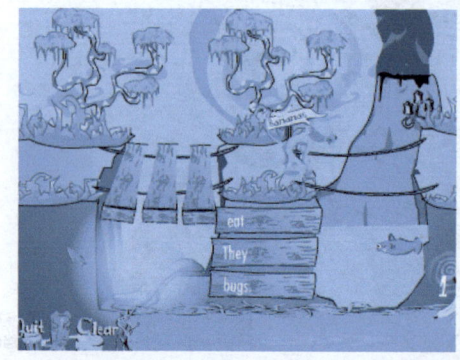
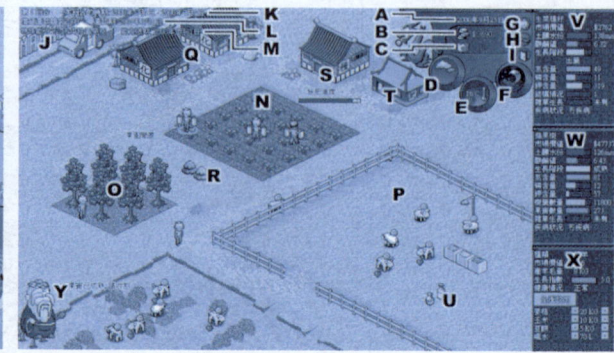

1>图1-2《猴子把戏》
2>图1-3《农场狂想曲》游戏主界面

游戏真的能激发所有学生的学习动机吗？游戏激发的动机真的都是学习动机吗？究竟是高高兴兴地玩还是高高兴兴地学呢？游戏激发的动机可以迁移到日常学习中吗？①这些问题都提醒我们，游戏化教学（学习）还需要继续深入研究，让我们大家一起来努力吧！

二、学习知识

相信没有人会否定传统游戏在学习知识方面的价值。大家仔细想一想，一个孩子长到六七岁的时候，他似乎已经学会了很多知识，而这些知识似乎很多都是在游戏中学到的。比如，他能通过一些需要排队的游戏了解了"等一会儿""半天"的时间概念。著名儿童心理发展学家皮亚杰认为游戏的发展是与认知发展的阶段相适应的，简单地说，游戏与认知是相辅相成的。著名心理学家维果茨基曾提出"最近发展区"理论，他认为，在游戏中，儿童的表现总是超过他的实际年龄，高于他日常的行为表现的，儿童似乎在试图超越他现有的行为水平，因此他认为游戏创造了儿童的"最近发展区"。简单地说，儿童通过游戏可以扩展自己的认知结构。

电子游戏事实上蕴藏着丰富的知识。张胤曾指出："电子游戏的意义在于它是生活世界的虚拟化，从本质上说电子游戏反映了某个特定时期的现实生活以及由这种生活环境所营造的经验与活动，并以富有趣味的途径将其表达出来。同时它也是文化蕴藏的体现，人类知识情趣化的表征以及新的、变异的文化传递方式。"②仔细分析目前市场上流行的各种网络游戏或电脑游戏，我们就会发现大部分游戏实际上都蕴藏了丰富的社会文化生活知识和专业知识。③

一些与历史相关的游戏，如《帝国时代》（Ages of Empires）和《三国志》，都是以特定的历史时期和历史事件为背景的，所以自然可以让游戏者学习到一定的历史文化知识。一些模拟类游戏，其中比较著名的，如《模拟城市》（SimCity），就包含大量的规划、建筑、交通、消防、税务等方面的知识；《铁路大亨》（Railroad Tycoon）游戏几乎就是一部世界火车的发展史，其中很多火车图片显示的就是19世纪火车的真实造型；《大航海时代》则包含很多世界地理知识；《模拟蚂蚁》（SimAnt）游戏将一部关于蚂蚁的小型百科全书融入了游戏中。其实，即使是最受社会各界责难的魔幻类游戏，也能让人有所收获，比如，要想获得极品装备，玩家必须学会一定的化学知识；要想四处奔走，玩家必须学会一定的地理知识。

以上提到的游戏还并不是专门为教育开发的游戏，一些专门为教育开发的游戏自然能够让学生学到更多的知识。比如，图1-4是一个有关分数的游戏，学生

---

① 尚俊杰，庄绍勇，蒋宇.教育游戏面临的三层困难和障碍：再论发展轻游戏的必要性[J].电化教育研究，2011（5）：65-71.
② 张胤.游戏者——学习者：论电子游戏作为校本课程的价值的发掘及建构[J].教育理论与实践，2002（5）：60-64.
③ 尚俊杰，庄绍勇.游戏的教育应用价值研究[J].远程教育杂志，2009（1）：63-68.

这些精彩的游戏不容错过！

通过切割图形来学习分数，这个小小的游戏让人既能学习分数知识，又能学习图形知识，甚至因为可以尝试不同的切割方法，还能培养学生的发散性思维。

哈佛大学教授开展的"水城"（River City）项目（图1-5），让学生进入一个虚拟的19世纪的城市，学生通过解决当时面临的卫生问题来学习相关知识。研究表明，这种学习方式确实有助于学生学习更多的关于科学探究的知识和技能。①

目前在教育游戏领域颇具影响力的威斯康星大学麦迪逊分校斯奎尔教授就曾经让学生通过玩《文明Ⅲ》（Civilization Ⅲ）（图1-6），游戏学习世界历史。研究结果显示，学生不仅从游戏中学到了地理和历史方面的学科知识，加深了对文明的理解，培养了问题解决能力，同时，通过探究学习活动，还形成了自主学习、合作探究的学习共同体。②

麻省理工学院媒体实验室的终身幼儿园小组开发了风靡全球的Scratch编程游戏（图1-7），这是一款可以用可视化的、游戏化的方式学习编程知识及培养

① DEDE C, KETELHUT D, RUESS K. Motivation, usability, and learning outcomes in a prototype museum-based multi-user virtual environment[R]. [S.I.]:American Educational Research Conference, 2002(20): 2014.
② SQUIRE K D. Replaying history: learning world history through playing Civilization Ⅲ[D]. Indiana: Indiana University, 2004.

玩《文明Ⅲ》，学历史！你也试试看！

1	2
3	4

1>图1-4
分数游戏界面
2>图1-5
"水城"（River City）
项目中的游戏界面
3>图1-6
《文明Ⅲ》游戏界面
4>图1-7
Scratch主界面

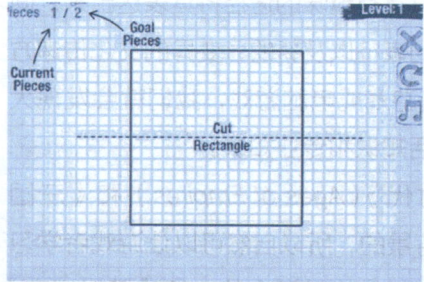
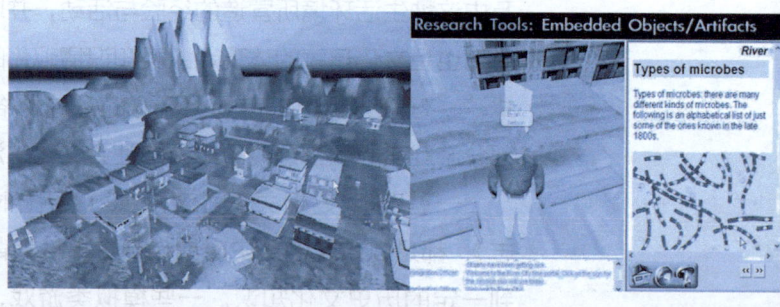

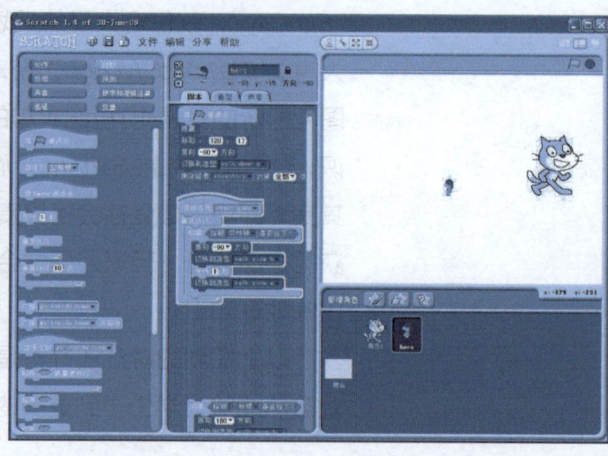

创造力的工具软件。

事实上，很多学者都做过类似的研究，希望通过游戏化学习方式，让学生高高兴兴地学到更多的知识。比如，有学者曾经对游戏化教学方法与传统讲授式教学法等方法进行过比较，结果显示，游戏化教学方法比其他教学方法效果要好。[1]

当然，教师要想通过游戏让学生更快、更多地学到知识，还需要仔细设计知识融入游戏的方式，让知识和游戏能够有机高效地结合起来，而不是生硬地堆砌在一起。

---

[1] LEE J H M, LEE F L, LAU T S. Folklore-based learning on the web: pedagogy, case study, and evaluation[J]. Journal of Educational Computing Research, 2005, 34(1): 1-27.
[2] SUBRAHMANYAM K, GREENFIELD P M. Effect of video game practice on spatial skills in girls and boys[J]. Journal of Applied Developmental Psychology, 1994, 15(1): 13-32.
[3] GUYNE R H. The educational benefits of videogames[J]. Education and Health, 2002, 20(3): 47-51.

三、提升能力

与知识相比，能力其实是人们更为关注的。有学者通过对一系列电子游戏的研究发现，游戏可以培养学生手眼互动、空间想象等基本能力。[2][3]以非常流行的游戏《俄罗斯方块》为例，在尽可能短的时间内将不同形状的方块摆放到恰当的位置，自然可以锻炼手眼互动和空间想象能力。虽然手眼互动等都是人的一些基本的能力，但是这些能力显然已经引起了社会各界的重视。据英国媒体报道，英国军方打算招募精于各种电脑游戏的"电玩小子"，将他们培养成新一代"阿帕奇"武装直升机飞行员，因为他们长时间以打电子游戏为乐，练就了眼疾手快的高超技术，是将来军队直升机飞行员的合适人选。

除了基本能力外，游戏在培养创造力、问题解决能力、协作能力等方面的价值可能更加突出。

当前，世界各国、各地区对创造力的培养非常关注，都把它当作关系其未来竞争力发展的关键因素之一。《第三次工业革命》一书备受各界推崇，在书中，有一章专门谈教育，其中就提到，以互联网技术和新能源技术为代表的第三次工业革命需要大批创新型人才。为了培养创新型人才，世界各国、各地区都特别重视青少年创造力的培养。美国中小学课程都不同程度地包含培养学生认知能力、想象能力和创造性的教学内容。我国将培养创新型人才作为国家可持续发展的措施之一，因此，教育教学也非常注重对学生创造力的培养。

当然，培养创造力有多种方法，不过游戏在培养创造力方面可能有更重要的作用，从根本上讲这是由游戏的本质与特点决定的。游戏是由个体内部动机所控制的行为，是一种自发的行为和"假装是"的行为。同时，游戏不受外部强加的规则的束缚，它是参加者主动积极进行的活动。在游戏时，儿童是自发的、自由的、无拘无束的，而这正是人本主义心理学家所理解的创造的基本条件或前提。比如，在成人看来，搭积木可能只是一些简单的活动，但是在小朋友看来，那就是他们的世界。在搭积木的过程中，他们可以展开丰富的想象，创造属于他们自己的世界。

再来看几个在教学中常用到的传统游戏。

第一个是火柴棍游戏（图1-8）。火柴棍游戏是大家非常喜欢的游戏，这个游戏非常简单，但是非常好玩。人们需要开动脑筋，去解决问题。有的题目答案还不是唯一的，需要大家多角度思考，展开丰富的想象去解决问题。

第二个是24点游戏（图1-9）。24点游戏是大家非常喜欢且常见的游戏，只需要一副扑克牌即可。在玩的过程中，玩家需要在脑海里反复进行各种运算，有助于掌握四则运算、培养发散性思维能力，而发散性思维也是创造力的核心。

以上是几个传统游戏的案例，下面来看一个电子游戏案例——《猜字》（图1-10）。玩家可以点击打开游戏画面中的小方块，猜下面是什么字，你猜得越快，得分就会越多。

这个游戏首先有助于学生掌握汉字的结构特征。其次，在猜一个字的时候，学生其实脑海中过了很多字，这也是在培养学生的发散性思维。而且，这一类游戏通过数字化才能实现较好的效果。

再来看一个比较优秀的电子游戏《蜡笔物理学》（*Crayon Physics*）（图1-11），这是一款基于2D物理引擎的蜡笔画风格的游戏，该游戏曾获得2008年美国独立游戏Seumas McNally最高奖。

> 体验一下《蜡笔物理学》的神奇与魔力吧！

这是一个羊皮纸风格的蜡笔画，画面中有一个小球，用鼠标单击一下小球，小球就会滚动。玩家可以在其中画任何物体，画的任何物体都有不同属性和重量，且符合牛顿运动定律。玩家需要借助于自己画的这些东西，让小球砸住星星，才能过关。全部关都闯过以后，玩家就成了小牛顿。

这个游戏不仅吸引了孩子，也吸引了很多成人。大家觉得这个游戏可以让玩家重回童年时光，重温神笔马良的梦想。该游戏最大的乐趣就是可以充分发挥玩家丰富的想象。

《蜡笔物理学》游戏除了好玩以外，还具有重要的教育应用价值。它有助于玩家学习物理、数学和美术的基本知识，比如力的三要素（方向、大小、作用点），力的种类（重力、摩擦力、弹力），杠杆原理，滑轮定理，平抛运动等知识（图1-12）。用游戏学习知识使学习的趣味性大大增强，不过最重要的是，游戏可以让学生体验，而不仅仅是知道。

除了学习知识外，该游戏最重要的价值是培养创造力等高阶能力。在这个游戏中，每一关都没有固定答案，需要玩家充分发挥自己的想象，寻找解决问题的方法，因此有助于培养学生的创造力。比如图1-13这一关，我们需要借助于所画的物体，让小球砸住星星，大家想想有什么方法？

一般来说，大家会想到斜着画一条线，然后让小球滚动下来，砸到斜线上，最后反弹下来砸住星星。让我们来看看图1-14中一个玩家的新奇解法，大家可以看到，这位玩家设计了一套复杂的机械系统来解决这个问题，他需要一遍一

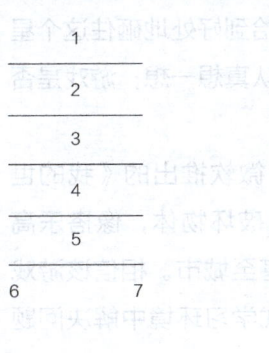

1> 图1-8
火柴棍游戏
2> 图1-9
24点游戏
3> 图1-10
《猜字》游戏画面
4> 图1-11
《蜡笔物理学》游戏画面
5> 图1-12
利用《蜡笔物理学》
游戏学习物理知识
6> 图1-13
《蜡笔物理学》其中一关
7> 图1-14
一个玩家的解法

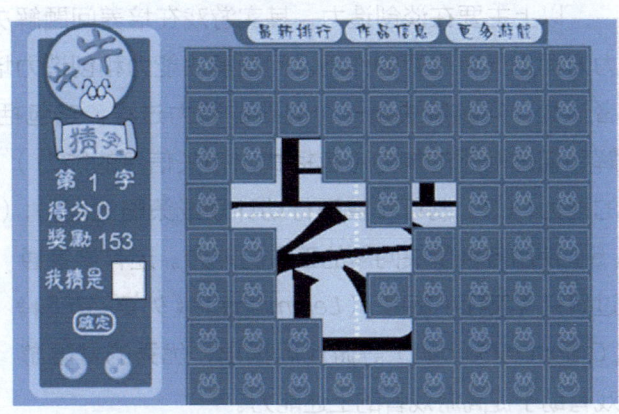

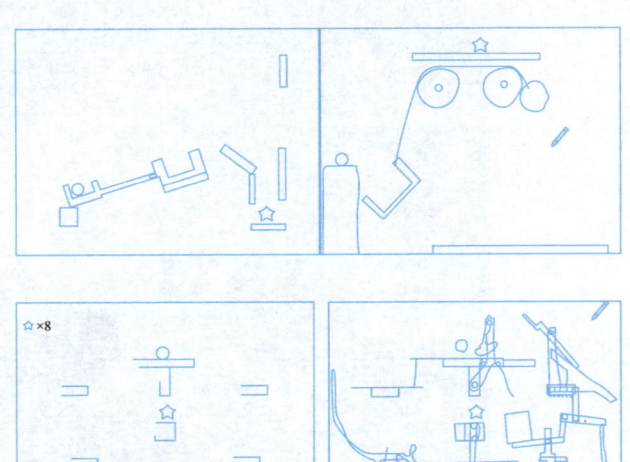

遍地尝试，不断调整上方机关的力度、大小和重量，才能恰到好处地砸住这个星星。当然，看起来这个玩家的解法太复杂了，但是请大家认真想一想：游戏是否真的给孩子提供了一个有趣的培养创造力的平台呢？

其实还有很多优秀的游戏可以培养创造力。比如，微软推出的《我的世界》（*Minecraft*）（图1-15），玩家在其中自由建设或者破坏物体，像搭乐高积木一样组合与拼凑这些方块，就能搭建出房子、城堡甚至城市。相信该游戏有助于培养学生的创造力、合作学习能力，以及在沉浸式学习环境中解决问题的能力。

以上主要在谈创造力，其实游戏在培养问题解决能力、协作能力等高阶能力方面也具有重要的作用。问题解决能力和创造力培养实际上是相关的，有学者认为，问题解决是一个复杂的智力过程，它包括如下一系列能力：（1）理解和描述问题的能力（包括找出相关信息的能力）；（2）收集和组织相关信息的能力；（3）制订和管理行动计划或策略的能力；（4）问题推断和决断能力；（5）使用各种解决问题的工具的能力。还有学者通过研究《疯狂小旅鼠》（*Lemmings*）、《外婆的花园》（*Granny's Garden*）等游戏后指出，优秀的冒险游戏有助于提高游戏者的上述能力。①

至于协作能力，其实也不用多讲。一个儿童，从出生开始，会逐渐完成从自然人到社会人的转变。在这个过程中，游戏发挥了重要的作用，它给儿童提供了大量的交往机会，使儿童学会合作，学会理解他人，学会尊重他人。比如，通过玩一些过家家的角色扮演游戏，儿童可以模仿成人照顾他人。电子

---

① WHITEBREAD D. Developing children's problem-solving: the educational uses of adventure games[M].London: Routledge, 1997: 13-37.

1>图1-15 《我的世界》游戏画面

游戏也是,以目前比较流行的大型多用户角色扮演游戏为例:在游戏中,玩家可以和其他人聊天,可以和其他人组队打怪,可以参加行会(游戏中的团体),可以和其他人对打,可以和其他人进行交易。在游戏外,玩家还可以通过游戏杂志、游戏网站、游戏论坛和其他人交流经验,甚至买卖装备等。在实际生活中,有些玩家经常打电话联系,最终成为好朋友,甚至有些玩家还会定期聚会,实现面对面的交流。可以这样说,游戏已经不再是一个简单的游戏,而成了一个虚拟社区,在这个社区中,玩家不仅学到了怎么玩游戏,而且提升了与人协作的能力。①

总而言之,游戏在培养高阶能力方面具有重要的价值,依托游戏化学习,我们能够培养更多的创新型人才。②

> ① 尚俊杰,庄绍勇.游戏的教育应用价值研究[J].远程教育杂志,2009(1):63-68.
> ② 尚俊杰,裴蕾丝.重塑学习方式:游戏的核心教育价值及应用前景[J].中国电化教育,2015(5):41-49.
> ③ 尚俊杰,庄绍勇.游戏的教育应用价值研究[J].远程教育杂志,2009(1):63-68.

四、培养情感态度与价值观

一般来说,教育的主要目标包括知识与能力、过程与方法、情感态度与价值观三个维度。从某种程度上说,培养一个人对他人、社会的责任感,看待事物和人生所持的观点以及价值取向比学习知识和培养能力更为重要。

而当谈到游戏时,我们可能会觉得游戏中的暴力、色情和反社会行为会对学生造成不良影响,但事实上,游戏在培养情感态度与价值观方面有得天独厚的优势,因为它可以将一些教育理念融入故事情节中,使学生在不知不觉中接受教育。③

回忆一下我们小时候玩过的各种游戏,这些游戏确实有助于儿童体验各种情感和情绪。另外,游戏还有助于发泄情绪,比如,小朋友被妈妈训了一顿,他转身可能对玩具又抓又捏,这样他就发泄了不愉快的情绪。此外,在游戏过程中,小朋友能学到表达和控制情感、情绪的不同方式,慢慢能控制自己的冲动。比如,两个小朋友玩游戏,一个生气了,但是可能争吵几句之后还会继续玩耍,这个过程就有助于其社会性的发展。

对于电子游戏来说,游戏的创作无论从主题、内容、形式到表现手法不但脱离不开时代的背景,还反映出某个时代的生活。既然电子游戏来自现实生活,那么生活中的各种社会性元素在游戏中就必然会存在。以市场上最受欢迎的魔幻类角色扮演类游戏为例,尽管这些游戏有杀戮等血腥场面,但是其中也不乏团结友爱、乐于助人等因素。正如一位玩家所言,当朋友有生命危险的时候,一群人都在帮着救人,还会时不时地保护别人,把危险留给自己,这真的是一种很好的感觉。

正是考虑到游戏的这一特点,盛大网络游戏公司率先推出了网络游戏《学雷锋》(图1-16),希望通过游戏对学生进行道德教育。尽管社会各界对该游戏的娱乐性、教育性、目的性等问题意见不一，毋庸置疑的是，这显示了社会各界对游戏在情感态度与价值观方面的关注和期望。

前面介绍过的"虚拟互动学生为本学习环境"研究项目[①]，就是让学生通过模拟农场管理来学习知识和培养能力的。研究人员在这个项目中意外地发现，游戏对于培养学生的情感态度与价值观确实具有重要的作用。首先，通过游戏化学习，大部分同学对农业和农民有了更深刻的认识，真正明白了"谁知盘中餐，粒粒皆辛苦"的内涵，并且知道以后一定要珍惜食物，因为食物是农民辛辛苦苦种出来的。其次，他们对于环境保护也有了更深刻的认识。比如，他们明白了肥料、废水等容易造成环境污染，并且深刻体会到了"珍惜地球，保护环境"的重要性。此外，虽然许多学生经历了紧张、开心、伤心乃至灰心失望的情绪体验，但他们能够以坦然的心态面对失败，一些学生还具备了永不放弃、绝不言败的精神。

① 尚俊杰, 庄绍勇, 李芳乐, 等. 虚拟互动学生为本学习环境的设计与应用研究[M]//汪琼, 尚俊杰, 吴峰. 迈向知识社会: 学习技术与教育变革. 北京: 北京大学出版社, 2013: 143-176.

当然，对学生进行情感态度与价值观的教育并不是游戏的专利，实际上在传统教学中也有很多课程在进行这方面的教育，但是由于种种现实原因，这类课程往往会变成同数学、物理等一样需要学生努力学习并争取获得高分的课程。当然，在这类课程中同学们也能够"知道"很多道理，但是"知道"是否等于"体验"到呢，或者说是"真的知道"呢？就如某同学所言："一本书写着'农民在农地里每天工作是十分辛苦'这句话，单凭这句话难道就能知道农民那份辛苦吗？"

由于游戏能够创建一个近似真实的虚拟世界，所以可以让学生像在真实世界中"体验"生活而不仅仅是"知道"一些道理，这或许是电子游戏区别于传统教学方式的最重要的价值。当然，在游戏中的感受毕竟不同于在真实农场中的亲身

1>图1-16
《学雷锋》游戏画面

感受，不过大部分学生其实也能够将虚拟和现实结合起来考虑，如某同学说过："我只是按几个按钮就已经会累了，农夫们每天在农田耕作，……不是比我辛苦千万倍吗？"

由此看来，游戏对于培养情感态度与价值观有着不可或缺的作用，但是也要仔细设计，以便真正实现"随风潜入夜，润物细无声"的效果。

五、小结：游戏的三层核心教育价值

尽管游戏具备诸多价值，但是在现实中教育游戏依然面临诸多困难和障碍。[①]所以大家未免还是会困惑：我们相信儿童确实需要游戏，可是青少年乃至成人也需要游戏吗？另外，普通的教学软件似乎也可以用来学习知识、提高能力、培养情感态度与价值观，为什么一定要用游戏呢？游戏的核心教育价值到底体现在哪里呢？

简而言之，我们认为游戏的核心教育价值可以概括为游戏动机、游戏思维和游戏精神三层，如图1-17所示。[②]

（一）游戏动机

虽然现在教学条件越来越好，但是学生的学习动机似乎仍然堪忧。面对这样的情况，大家自然会想到：是否可以利用游戏的挑战性、竞争性等特性使学习更有趣，更能激发学生的学习动机呢？[③]因此尽管游戏有诸多的教育价值，但是毫无疑问，最被看好的还是游戏对学习动机激发的价值。

事实上，有许多实证研究证明，游戏有助于激发学生的学习动机。有学者以游戏《探索亚特兰蒂斯》(Atlantis Quest)为研究环境，对比研究叙事性学习（story-based learning，简称SBL）和游戏化学习（game-based learning，简称GBL）的效果。研究显示，95%的采用SBL的学生是为了获得高分或者完成教师布置的任务而学习，仅有34%的采用GBL的学生将此列为学习的原因，65%的采用

---

① 尚俊杰，庄绍勇，蒋宇. 教育游戏面临的三层困难和障碍：再论发展轻游戏的必要性[J]. 电化教育研究，2011（5）：65-71.
② 尚俊杰，裴蕾丝. 重塑学习方式：游戏的核心教育价值及应用前景[J]. 中国电化教育，2015（5）：41-49.
③ MALONE T W, LEPPER M R. Making learning fun: a taxonomy of intrinsic motivations for learning[J]. Aptitude, Learning, and Instruction, 1987(3): 223-253.

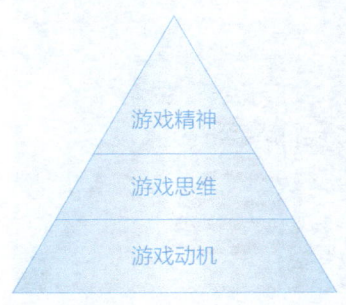

1>图1-17 游戏的三层核心教育价值

GBL的学生提出他们学习仅仅是因为"想学"。①

当然，也有学者提出质疑：游戏激发的究竟是学习动机还是游戏动机？游戏动机会否对学习产生消极影响？游戏激发的动机是否可以迁移到其他学习活动中呢？②有学者认为，必须是对某一学科稳定一致的学习动机才能真正起到促进作用，比如，只喜欢做物理实验而不喜欢听物理课就不是对物理学科稳定一致的学习动机。③这启发我们要想利用游戏动机激发真正的学习，还需要进行更深入的研究。

需要说明的是，在这个层次，我们用的是游戏动机这个词，但是这个词实际上也包括游戏在知识、能力、情感态度与价值观方面的价值。

（二）游戏思维

游戏动机之上是游戏思维（或游戏化思维）。大约在2003年，游戏化（gamification）的概念被明确提出来，并在2010年左右开始被广泛应用。所谓游戏化，表示将游戏或游戏元素、游戏设计和游戏理念应用到一些非游戏情境中。④比如，有人设计将楼梯的每一个台阶设计成了一个琴键，人们走在上面可以弹出美妙的音乐，这吸引了很多人来走这个钢琴楼梯（图1-18）。再如，微信红包实际上就是一个游戏，它利用游戏化思维获得了商业上的极大成功。

游戏化实际上是发挥了游戏有助于激发动机的特点，只不过这里激发的不是表面上的休闲娱乐、发泄等动机，更多的是挑战、好奇、竞争等深层次动机。⑤比如，钢琴楼梯和微信红包实际上主要激发了人们的"好奇"动机。在教育领域，我们也曾提出"轻游戏"的概念。所谓轻游戏，我们可以简单将它定义为"轻游戏 = 教育软件 + 主流游戏的内在动机"。⑥

概而言之，游戏思维的核心就是不一定要拘泥于游戏的外在形式，更重要的是发挥其激发内在动机的价值，在教学、管理的各个环节的活动中有机地融入游戏元素、游戏设计或游戏理念。比如，幼儿园和小学教师常用的发小红花的策略

① BARAB S, PETTYJOHN P, GRESALFI M, et al. Game-based curriculum and transformational play: designing to meaningfully positioning person, content, and context [J]. Computers & Education, 2012, 58(1): 518-533.
② 尚俊杰, 庄绍勇, 蒋宇. 教育游戏面临的三层困难和障碍：再论发展轻游戏的必要性[J]. 电化教育研究, 2011 (5): 65-71.
③ BROPHY J. 激发学习动机 [M]. 陆怡如, 译. 上海：华东师范大学出版社, 2005: 42.
④ 尚俊杰. 游戏化是什么？[J]. 中国信息技术教育, 2015 (8): 10-10.
⑤ MALONE T W, LEPPER M R. Making learning fun: a taxonomy of intrinsic motivations for learning[J]. Aptitude, Learning, and Instruction, 1987 (3): 223-253.
⑥ 尚俊杰, 李芳乐, 李浩文. "轻游戏"：教育游戏的希望和未来 [J]. 电化教育研究, 2005 (1): 24-26.

1>图1-18 钢琴楼梯

就是一种游戏思维，一些智力竞赛也是应用了竞争和挑战动机。不过，如果应用不当，可能会适得其反。比如，学校常用的考试排名机制就应用了竞争和挑战动机，但过于激烈的竞争可能会挫伤部分学生的积极性。

（三）游戏精神

游戏的最高层次和最有意义的价值应该是游戏精神。所谓游戏精神，指的是人的一种生存状态，它表示人能够挣脱现实的束缚和限制，积极地追求本质上的自由，这是人追求精神自由的境界之一。简单地说，游戏精神就是在法律法规允许的前提下，自由地追求本质和精神上的自由。

游戏对于儿童的价值，就如福禄培尔所言，游戏是儿童发展的最高阶段，人的最纯洁的本质和最内在的思想就是在游戏中得到发展和表现的。其实对于青少年乃至成人亦是如此，在胡伊青加看来，人类社会的很多行为都是可以和游戏联系起来的，人本质上就是游戏者。而席勒更是认为，人只有在游戏的时候，才完全是人，该观点从某种角度上也阐明了游戏精神的价值。

游戏虽然是假的，但人们对待游戏的态度却是非常认真的，因为如果不认真，游戏就会失去趣味，就无法持续下去。而且，玩游戏是重过程不重结果的。而现在的教育可能过于重结果而不重过程了，孩子们学习得都很苦。那么，能不能发扬一下游戏精神，让孩子们把整个学习过程变成一场游戏，最终能否考上名校不重要，重要的是他们认真地学习每一天的课程呢？

以上三者既有联系又有区别：游戏动机是最基础也最具操作性的价值，它强调利用游戏来激发学习动机；游戏思维表示超脱出游戏形式，强调将非游戏的学习活动设计成"游戏"；游戏精神是最具价值的品质，强调学生以对待游戏的精神和态度来对待学习过程和结果。三者的核心联系就是游戏的深层内在动机。我们也可以换一个简单（也许不太严谨）的说法：游戏动机是指利用游戏来学习，游戏思维是指将学习变成"游戏"，游戏精神是指将整个求学过程甚至整个人生变成"游戏"。

第二节　游戏真的能用到课堂教学中吗

尽管游戏在教育领域有许多应用价值，但有一些人还是会质疑：游戏真的能用到课堂教学中吗？其实，从现实情况来看，不管是传统游戏，还是电子游戏，都已经在课堂教学中得到了比较广泛的应用。

一、传统游戏在课堂教学中的应用

传统游戏在儿童教育尤其是学前教育中一直应用得非常广泛，很多学者都认为，游戏可以促进儿童的学习，并能培养儿童的创造力等高阶能力。游戏化学习的最高阶段，就如我国学者刘铁芳所言："师生双方忘却了外在的期望、压力，'全心全意'地投入教学之中，为教学情境本身所吸引、引导……师生双方完全沉浸于当下的教学愉悦之境，享受教学之境中的自由、轻松、和谐、融洽、光明、温暖。"①

① 刘铁芳.教学：一个可能的价值世界——教育的价值关怀[J]. 教育理论与实践，2000（4）：7-11.

事实上，世界各地很多学校都把游戏应用到了课堂教学中。比如，美国把游戏作为儿童社会性发展、认知发展的重要工具引入现行的课程教学中。

我们国家其实很早就将游戏应用到了课堂教学中。在语文课堂中，教师经常使用的词语接龙、成语接龙和猜谜语等就是游戏化教学的表现。比如，小学语文教师会使用贴鼻子游戏（图1-19）。这个游戏要求一个学生蒙住眼睛，在同组队员的语言提示下，将小丑的鼻子贴在正确的位置。这个游戏能够培养学生良好的听和说的习惯，提升口头语言的准确性。并且，在游戏中，同伴之间的相互合作，有助于他们提升合作意识。

数学课堂应用游戏进行教学也很常见，比如，七巧板游戏（图1-20）。作为一种平面拼图游戏，它可以锻炼学生识别图形的能力，培养学生的想象力和创造力，因此被广泛应用到教学中。除了七巧板外，还有"鸡兔同笼"等很多趣味（游戏化）数学题目，确实激发了学生学习数学的浓厚兴趣。

在这里我们要特别介绍北京市顺义区杨镇中心小学赵艳辉老师的小学数学"可能性"这个案例。这节课旨在让学生体验事件发生的可能性，体会游戏规则的公平性，会用分数描述可能性的大小。在传统课堂中，教师一般会举例讲解，但是在这节课中，教师通过摸棋子游戏让学生感受可能性不等（图1-21）；通过掷硬币游戏和掷骰子游戏让学生认识可能性相等；通过设计转盘游戏让学生了

1>图1-19 贴鼻子游戏
2>图1-20 七巧板

解如何用分数表示可能性的大小。学生都喜欢游戏，游戏融入课堂能充分调动学生学习的积极性和主动性，让他们高高兴兴地在"玩中学"。

美国科普作家马丁·加德纳曾在著名科普杂志《科学美国人》（Scientific American）上主持过"数学游戏"专栏，影响广泛而持久。他的工作特点是把许多数学思想或知识寓于各种有趣的故事和问题之中。他认为，唤醒学生的最好方法是向他们提供有吸引力的数学游戏、智力题、魔术、笑话、悖论、打油诗或那些呆板的教师认为无意义而避开的其他东西。

当然，除了语文、数学之外，科学、英语、体育等各个学科其实都在应用游戏，而且，越来越多的人认识到应该让孩子们有一个更加快乐的童年，让他们自由自在享受学习的快乐，所以游戏在教育教学中的应用必然会越来越广泛。

▶ 可能性　　　　　　　　　　　　　　　　　　　　● 案例

> 案例基本信息

课程：京版小学《数学》第八册。

教师：北京市顺义区杨镇中心小学赵艳辉。

来源：教育部－联合国儿童基金会"教师教学方式变革促进农村地区小学生学习能力发展"项目。

> 教学目标及重难点

（一）教学目标

1. 体验事件发生的等可能性，体会游戏规则的公平性。会用分数描述可能性的大小，能求简单事件发生的可能性。

2. 通过游戏活动，经历收集数据、整理数据、分析数据的过程，发展数据分析观念，体会随机思想。

"可能性"课堂实录

1 > 图1-21
摸棋子游戏

3. 在运用所学知识解释生活中随机事件的发生过程中,感受数学与生活的紧密联系,增强应用意识。

(二)教学重难点

能够用分数表示可能性的大小。

> 教学过程

引导学生合理运用数据进行推断和思考一直是小学数学教学的重要任务之一。《义务教育数学课程标准(2011年版)》指出:"通过试验、游戏等活动,感受随机现象结果发生的可能性是有大小的,能对一些简单的随机现象发生的可能性大小作出定性描述,并能进行交流。"小学中年级的学生虽然对生活中的随机现象已经有了一定的经验积累,但尚未有系统的认识与问题解决能力。因此,在教学中教师需要联系生活实践,从学生熟知的现象出发,引导学生形成对统计与概率的科学认识,并获得问题解决的方法与步骤。

"可能性"这节课的教学目标之一是,"体验事件发生的等可能性,体会游戏规则的公平性。会用分数描述可能性的大小,能求简单事件发生的可能性"。这节课将游戏引入课堂,通过摸棋子游戏让学生感受可能性不等;通过掷硬币游戏和掷骰子游戏让学生认识可能性相等;通过设计转盘游戏让学生了解如何用分数表示可能性的大小。本节的教学内容主要有三个:一是,感受确定事件与不确定事件;二是,感受可能性有大有小;三是,用列表法判断可能性的大小。这部分内容重在向学生渗透统计与概率的思想,因此,考虑到教学内容的需要,教师应在教学中创设情境,让学生在活动中产生兴趣,为学生的发展奠定基础。教学过程如图1-22所示。

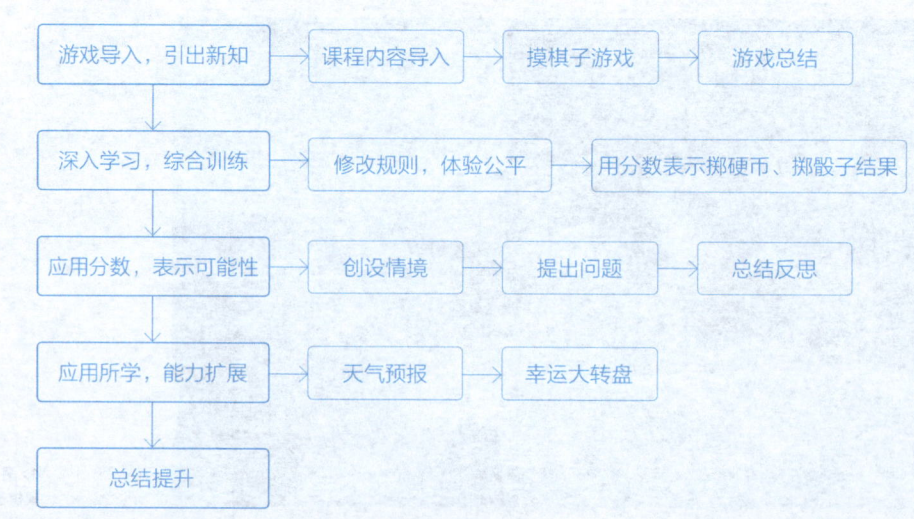

1> 图1-22 "可能性"教学过程

● **案例点评**

"可能性"是京版小学《数学》第八册的教学内容，是对概率知识的初步探讨。在二、三年级的教学中，教师已经渗透了"可能性"这方面的知识。在这一册教学中，学生将进行一些简单的可能性大小的计算。但赵老师在教学中不是马上进入计算内容的教学，而是抓住"可能性相等"这一观点，通过游戏活动加深学生对它的理解的。

整节课的教学始终是以游戏贯穿的。将游戏引入课堂教学，这与以往的教学有所不同。学生都喜欢玩游戏，它能充分调动起学生学习的积极性和主动性。

（一）创设情境承上启下，通过摸棋子游戏感受可能性不等

在教学伊始，赵老师出示了三个盒子，里边分别装有白色球、黑色球、黑白混合球。一名学生闭上眼睛，分别从三个盒子里摸出黑色球、黑色球、白色球。在活动中，学生积极参与、主动学习，用自己以前学习过的可能性知识来表达出现的结果。

最终女生以绝对优势在摸棋子的游戏中获胜。这样，男生就想到了盒子里边放的白色棋子比黑色棋子多，学生感到这个游戏不公平，引发了双方的矛盾。

（二）通过掷硬币游戏感受可能性相等

在掷硬币游戏中，每个学生分别掷10次硬币，之后各组组长统计出本组掷硬币正面、反面次数。最后，教师把8个小组正反面的次数进行统计。学生观察最后的结果，发现正面和反面的次数是比较接近的。在学生亲历抛硬币的过程中，教师又出示了数学家抛掷硬币正反面的统计表，让学生再一次感受到可能性相等。

（三）通过掷骰子游戏感受游戏规则的公平、公正

掷骰子游戏让学生自己确定游戏规则。他们在自主探索和小组合作中，真正理解了对双方都公平的游戏原则，并主动探讨公平的方案，这样不但加深了他们对所学内容的理解与掌握，还营造了公平竞争的氛围。学生感受到可能性相等，游戏才公平、公正，学生才能够玩得开心。

这个游戏的设计既向学生渗透了方法的多样化，同时也提高了学生解决问题、分析问题的能力，小组合作学习的意识也渗透其中，最后还能让学生用分数来表示可能性的大小，这同时也巩固了本课的教学重点。

（四）通过设计转盘游戏了解如何用分数表示可能性的大小

赵老师是这样设计转盘游戏的：首先将全班分成8个小组，每个小组各有两个转盘。其中有2个小组只分好了份数而没有涂颜色，其他组既分好份数又把其中一份涂上了颜色。这道题是开放题，学生只要把设计理由说清楚就可以，答案是不唯一的。这个游戏的目的是让学生站在老板和顾客的角度来设计抽奖转盘，并且用分数表示可能性的大小。

1. 站在老板角度设计

有的学生站在老板角度,把转盘设计成了中奖占1/2,他认为这样对顾客和老板来说都是可能性相等。还有的学生把中奖设计成了1/8,他认为这样中奖率会比较低,能吸引更多的顾客来抽奖,虽然中奖可能性小,但是如果中奖了就是一份惊喜。在这时,教师及时抓住了生成性资源,向学生进行了德育渗透:这份惊喜,就像家长在平时购买福利彩票的同时也奉献了自己的一份爱心,在奉献爱心的同时还会有一份惊喜在等着他们。

2. 站在顾客角度设计

学生说出了如果自己是顾客将如何设计的理由。学生将可能性设计为2/3、1/2等。

这个游戏既让学生体会到可能性是有大小的,能够用分数来表示,又起到了巩固这节课所学知识点的作用。这节课让学生真正理解了数学与生活是紧密相连的,进一步感受到数学的生活性、趣味性。

这节课也有不足的地方,在各小组掷硬币结束后,把每个小组正反面的次数分别记录在黑板上,那么这时出现了一组正面3次、反面7次的情况。只有这一组情况是相差比较大的,其他小组正反面次数都是比较接近的。但是,赵老师没有及时抓住这一难得的课上生成性资源,她应该让学生们进行观察,再分析为什么会相差比较大。比如,是不是这一组同学抛掷硬币的方法存在问题,让这一组同学再来掷硬币。显然,教师在备课时对这一问题没有充分准备,在教学中对学生掷硬币也缺少具体指导。好的资源往往是稍纵即逝的,赵老师如果把这种资源充分利用起来,可以达到事半功倍的效果。

生成性的课堂,需要教师具有深厚的教育底蕴和灵活的教育智慧。只有不断地充电,丰富自身的素养,教师才能更好地引领学生在活动中体验、感悟数学知识的本质,提高孩子们的素养。

二、电子游戏在教学中的应用

尽管电子游戏对学生存在一些负面影响,但是很多学者通过大量的实证研究认为,将电子游戏用到教学中,可以使学习更有趣,能提高学生问题解决能力、协作学习能力、创造力等高阶能力,并培养正确的情感态度与价值观。[1]

① 尚俊杰,庄绍勇. 游戏的教育应用价值研究[J]. 远程教育杂志, 2009 (1): 63-68.
② PRENSKY M. Digital game-based Learning[M]. New York: Paragon House, 2001: 29.

当前,在教学中使用得较为广泛的是一些操练式的小游戏,比如,打字练习和选择类游戏(图1-23)。这类游戏通常没有复杂的故事情节,只利用漂亮的画面、动听的音乐和可爱的人物形象来激发学生的学习动机,从而促使他们主动学习。虽然有学者认为这类游戏的价值比较小[2],但是它们确实是最容易被整合进传统教学过程中的游戏。

随着网络游戏的快速发展，2000年前后出现了一批较大型的角色扮演类网络教育游戏。比如，前面讲到的哈佛大学开展的"水城"项目和香港中文大学开展的"虚拟互动学生为本学习环境"项目。目前任教于亚利桑那州立大学的巴拉布教授也曾设计开发了《探索亚特兰蒂斯》（图1-24），这是一个游戏化学习环境，其中的游戏任务与课程内容紧密结合在一起，并以"探索"（quests）、"使命"（missions）和"单元"（units）三种层级的任务体系出现在游戏中，旨在培养学生的高层次思维能力和社会意识。该游戏特别强调七种社会责任：同情的智慧、创造性表达、环境意识、个人的作用、健康的社区、社会责任感、肯定多元化。比如，该游戏针对公园内鱼群数量减少的问题，请学生分析该公园附近的三类团体（原住民、伐木公司以及渔业公司）的责任轻重。学生通过参与这一单元的学习，不但掌握了一些概念和技能，还获得环境保护的意识。此外，该游戏单元使学生认识到科学决策的复杂性，因为在决策过程中决策者不得不平衡道德、经济、政治和自然科学的因素。[①]

一起来《探索亚特兰蒂斯》!

① 马红亮. 教育网络游戏设计的方法和原理：以 Quest Atlantis 为例[J]. 远程教育杂志, 2010（1）: 94-99.

除了这些专门开发的游戏外，还有一些人尝试将市场上比较流行的商业游戏应用到课堂教学中，比如威斯康星大学麦迪逊分校斯奎尔教授就曾经让学生通过玩《文明Ⅲ》游戏学习世界历史。研究结果显示，学生不仅从游戏中学到了历史和地理方面的学科知识，加深了对文明的理解，培养了问题解决能力，同时，通过探究学习活动，形成了自主学习、合作探究的学习共同体。

当前，虚拟现实（VR）和增强现实（AR）是热门话题。其实，很早就有人研究如何将增强现实类游戏应用到教学中。麻省理工学院曾推出过增强现实的游戏（图1-25），让学生拿着掌上电脑到城市里穿行，在穿行过程中

1 | 2

1>图1-23 选择类游戏
2>图1-24《探索亚特兰蒂斯》主界面

解决问题。这个游戏有点类似于城市游戏，它的好处是将虚拟和真实联系了起来，让学生在近似真实的情境中解决现实问题。而且，这类游戏迎合了现在移动学习和增强现实的发展需求，开始被广泛应用在博物馆、科技馆等课外学习中。

近年来，计算思维引起了人们的高度关注，编程技术作为计算思维的重要体现开始在广大中小学流行起来，游戏化的编程平台也随之得到了飞速的发展。如前面提到的Scratch就是一款可以用可视化的、游戏化的方式学习编程的工具软件。现在很多机构依托该软件针对中小学的学生开发了游戏化的编程课程，很受师生的欢迎。最近，微软、谷歌等公司也都推出了面向儿童的游戏化编程教学软件。

随着信息技术和游戏技术的快速发展，现在游戏在教育中的应用形式也越来越多样化，比如，将机器人、可穿戴设备、智能体等相结合的创客教育。而且，现在有一些学校开始把游戏或游戏的思想融入整个学校的教学和管理甚至建设中。比如，纽约Quest to Learn学校。再如，北京市顺义区杨镇中心小学在校长朱秋庭的全力推动下，正在全校努力开展游戏化学习。相信未来电子游戏在教育教学中的应用会越来越广泛。

▶ **Quest to Learn学校** ●案例

Quest to Learn是美国第一所将游戏机制融入整个课程设计的学校。这所公立学校自2009年创立开始，就打破了传统的教学标准和教学内容，它采用游戏化学习方式，培养21世纪人才。学校教学体系由教育专家和游戏开发者，基于30多年的学习研究成果共同开发设计。

Quest to Learn学校为学生提供了一个情境学习环境让学生以类似于游戏的方式去解决复杂的数学、科学、英语、艺术以及社会研究的问题。他们让生活在互联网时代的学生能够通过网络、学习社群以

1>图1-25
增强现实游戏

及相关媒介，培养系统化的思维方式。游戏化学习方式不但让学生实现了知识的系统化学习，同时促使学生对全球性话题进行思考，例如世界的经济、政治、技术、环境以及社会系统是怎样的，它们又是怎样相互联系的。在这里，高水平的学生能够参与相对严谨的科学研究过程，提出假设验证假设，建立理论，进行评估与提出质疑等。设计与创新是学校的重要教学理念，基于此理念的教学方式能促进学生的知识理解并提升学生在学习过程中的参与感。每个学期学生都会面临一系列挑战，学习、分享、思考都自然而然地成为玩游戏的一部分。

在这里，教师可以决定课程内容，将课程变成一门他们真正感兴趣并乐于教给他人的学问。人们以为这所学校的学生成天就是坐着打游戏或玩桌游，但他们所说的"游戏"其实是指将游戏的机制运用于教学和学习策略中。

> **Quest to Learn 的教学理念**

1. 基于游戏化学习，Quest to Learn 提出了自己的 Q2L 教学法
   - 基于系统的思维：学生设计和分析动态系统是当今媒介与科学研究的典型活动。
   - 设计思维：学生运用设计的策略对问题的解决进行创新。
   - 跨学科思维：学生需要运用和整合各个领域不同的知识来解决问题，在此过程中，他们必须学会如何以最有效的方式发现和使用信息。
   - 以用户为中心的设计：学生需要思考人与系统的交互方式，以及系统是如何塑造竞争与合作并与社会交互的。
   - 专业语言：学生应使用各个领域的专业语言以实现不同目的。
   - 多元反思：学生需要解释并证明自己的观点，以多种方式描述问题，提出和验证假设，并反思其解决方式对于他人的影响。
   - 网络素养：学生需要整合多种资源，包括音乐、视频、网络数据库、媒体以及其他学生的资源。这样，他们能够基于新的信息传播方式和使用新的工具进行合作。
   - 工具素养：学生能够利用数字媒体技术来创造成果，例如游戏。

2. Quest to Learn 提出了进行学习支持的五个条件
   - 学习需求：创造并支持情境探究的学习环境，为学生提供技能练习的丰富情境。
   - 分享与反思的需求：将批判性反馈与合作分享的机会融入学习体验的设计中。
   - 分享的情境：学生与教师需要有具体的情境来进行反思性质的互动，学生需要有机会来分享知识并得到他人的反馈。
   - 能够提供持续反馈和评估的情境。
   - 内部与外部学习群体的知识分享渠道，能为学生的学习成果

展示创造条件。

> Quest to Learn 的教学特点

1. 将学习游戏化：情境创设与探究性学习

游戏化教学方式可为学生创设与学习需求相对应的情境。例如，在一节数学与科学的整合课堂上，六年级的学生需要帮助一位科学家来探索人体结构，并将结果反馈给科学家所在的实验室，如图1-26所示。在九年级的生物学习中，学生扮演在一个虚拟的生物技术公司工作的工人，他们的工作是克隆恐龙，并为其创造一个稳定的生态系统。通过这种方式，学生可以学到有关基因、生物以及生态学的知识。

2. 充分运用教育游戏辅助教学

在这所学校，游戏是一种精心设计的，基于叙述的结构化、交互性和沉浸式的学习驱动系统。学校课程充分运用教育游戏提供的学习空间。比如，六年级的学生在使用一款虚拟医院的游戏学习时，可以扮演设计师、科学家、医生或侦探以探索细胞生物以及人体；九年级学生在使用《故事编织者》(*Storyweavers*)游戏时，可以进行角色扮演类合作。这些游戏不但能让学生充分参与教学过程，同时能够让教师对学生的表现进行实时的测量和提供即时的反馈。

3. 创建完整的学习反馈机制

除了游戏化的课程，Quest to Learn 学校创建了一套完整的学习反馈机制，这为学生提供了大量的学习机会。完整的学习反馈机制有助于学生练习和整合知识。同时学校还提供了其他的学习支持系统，包括学习设计工作室、虚拟的学习环境、课后支持系统、私人社交网络、游戏设计营。该机构也会针对特定的知识讲解或测试目标开发游戏，尤其是针对学生学习重难点的游戏。

1>图1-26
学生的探究活动

● **案例点评**

这所学校通过游戏化的方式实现了其先进的教学理念。这种方式不但让学习更加有趣，也激发了学生的学习动机，增强了学生的学习参与感，丰富了学习体验。同时，游戏化学习培养了学生在21世纪必备的技能，这些技能融合在课程的整体设计理念中，在进行知识学习的过程中培养学生的能力。游戏化的方式实现了跨学科的知识学习，游戏化学习也是培养学生系统化思维、创造思维以及设计思维等的最佳方式。

该校综合利用了游戏元素与教育游戏来实现教学目标。游戏化学习环境为探究性学习创设了情境，学生的学习参与感得到了极大提升。游戏贯穿教学的各个环节，学习过程相对连贯。同时，信息技术辅助教育教学的优势得以发挥，教师根据不同的教学内容采用不同的教育游戏，对学生进行游戏化测评的方式也相对灵活。

该校高度重视学习过程的反馈、交流与展示。整个学习过程以学生为中心，学生能够进行知识的自主探索，在此过程中能够通过游戏化的反馈机制得到批判性建议，实现同伴与师生间的交流。这有助于激发学生的学习动机，提升学生的成就感，同时培养学生的合作精神与合作能力。

第三节 你掌握游戏化教学的相关概念了吗

我们已经探讨了游戏的价值，以及游戏在课堂中的应用情况，这节我们来梳理、总结一下本章提到的相关概念。

一、游戏是什么

游戏是什么？

在前面几节我们探讨了游戏的教育价值，也列举了许多将游戏应用到课堂教学中的案例。可是很多人可能还在困惑，到底什么是游戏呢？下面就来探讨一下游戏的定义、特性和类型。

（一）游戏的定义[①]

尽管游戏早在2000多年前的希腊就已经发展为大规模的奥林匹克竞技活动，但是人们对于游戏的定义却很难有一个比较一致的权威的意见。荷兰学者胡伊青加曾经给游戏下过一个比较权威的定义：游戏是一种自愿的活动或消遣，这一活动或消遣是在某一固定的时空内进行的，其规则是游戏者自愿接受的，但是又有绝对的约束力，游戏以自身为目的而又伴有一种紧张、愉快的情感以及对它"不同于日常生活"的意识。[②]

从这个定义可以看出，胡伊青加更多地强调游戏是一种社会性的、有规则的群体游戏，并不包括普通的"玩"或个体游戏。[③]有人曾经比较过"游戏"和"玩"的区别，他们认为玩是一个更为宽泛的范围，分为自然的玩（spontaneous play）和有组织的玩（organized play），后者被称为游戏（game）。

（二）游戏的特性

按照以上定义，游戏有以下几个非常重要的特性。[④]

1. 自愿性和自由性

游戏的参与者通常是自愿参加的，而不是被迫的。在胡伊青加看来，"一切游戏都是一种自愿的活动，遵照命令的游戏已不再是游戏，它最多是对游戏的强制性模仿"[⑤]，因此胡伊青加把游戏的自愿性当作游戏的首要条件。

游戏者具有自由的意识，在游戏中，人们不再为外在和社会的日常规矩和法律限制，可以尽情摆脱现实世界的限制。比如，在现实生活中人们必须遵纪守法，而在游戏中却可以随意杀戮。

2. 非实利性

游戏者并非为了外在的奖励才会参与游戏，而是主要由内在动机驱动的。简而言之，人们参与游戏的目的是游戏本身，而并不是现实生活中的实际利益。

这一点类似胡伊青加提到的无功利性：游戏是作为一种在自身中得到满足并止于这种满足的短暂活动而插入生活的插曲。游戏可能会导致对物质财富的掠夺，但归根结底是为了追求胜利，满足自我肯定和受到尊敬的心理需要才进行的。

3. 佯信性

游戏是虚拟的，或者说是"假"的，游戏者不需要为游戏中的结果在现实生活中承担什么责任。但是这并不意味着游戏是不严肃的，恰恰相反，游戏者对游戏中的活动和结果都是非常严肃认真的。比如，玩象棋的人常常为了游戏中的一步棋而争执得不可开交，并不会因为它是游戏而随便对待。

对于这样的特性，胡伊青加用"假装性"来表述，用以反映游戏者对于自身

[①] 在本书中，我们对游戏更多地采用胡伊青加的定义，但是也没有太刻意地去区别"游戏"和"玩"。
[②] 胡伊青加.人：游戏者[M].成穷，译.贵阳：贵州人民出版社，1998：9-15.
[③] 董虫草.胡伊青加的游戏理论[J].浙江大学学报（人文社会科学版），2005，35（3）：48-56.
[④] 尚俊杰，蒋宇，庄绍勇.游戏的力量：教育游戏与研究性学习[M].北京：北京大学出版社，2012：45-47.
[⑤] 胡伊青加.人：游戏者[M].成穷，译.贵阳：贵州人民出版社，1998：8.

① 董虫草.胡伊青加的游戏理论[J].浙江大学学报（人文社会科学版），2005, 35 (3): 48-56.
② 胡伊青加.人：游戏者[M].成穷，译.贵阳：贵州人民出版社，1998: 10.
③ 吴航.游戏与教育：兼论教育的游戏性[D].武汉：华中师范大学，2001.
④ BREIDENBACH P S. The medium of the video game[J]. Society for Visual Anthropology Review, 2005, 21(1-2): 192-195.

活动所持的明知虚拟而又信以为真的态度。不过，我国学者董虫草认为应该用"佯信性"才能更好地表述这种"明知虚拟而又信以为真"的特性。①可能正是这种"虚拟性"和"真实性"的混合，才使游戏充满了无穷的魅力。这就好比做梦，当人们做了一个美梦的时候，人们宁愿相信这是真的，以便享受美梦的愉悦。但是，当人们做了一个噩梦的时候，人们马上会把它当成假的。

4. 规则性

前面讲到游戏具有自由性的特点，在游戏中人们可以尽情摆脱现实世界的限制。但是这并不意味着游戏中没有规则，而恰恰相反，一切游戏都是有规则的，只不过是特别为游戏制订的规则。

胡伊青加认为，游戏的规则应该具有绝对的权威性，不允许有丝毫的怀疑。因为一旦规则遭到破坏，整个游戏世界便会崩溃。②事实上，在生活中我们也常常可以看到这样的例子，几个人玩扑克牌，如果其中一个人经常不按规则出牌，这个游戏也就无法进行下去了。

当然，强调规则并不意味着以牺牲游戏者的自由为代价，否则游戏在某种程度上就不再是游戏。正确的态度应该是在自由与规则之间保持适当的平衡，使规则和自由能得到高度的统一。③

除了以上几个主要特性外，游戏还有趣味性、挑战性、竞争性等特性，不同的游戏也有不同的特性，这里不再赘述。

（三）游戏的类型

依据不同的维度，游戏有不同的分类方法。比如，依据媒体形式，游戏可以分为街机游戏、单机游戏、网页游戏、手机游戏等。不过为了交流的需要，人们通常会根据游戏的内容和玩法，约定俗成地将其主要分为以下几种类型。④

1. 角色扮演类游戏

角色扮演类游戏起源于纸上的角色扮演游戏，它通常会模拟一个虚拟的世界，在其中，玩家会扮演一个角色，通过打怪或战斗等活动不断升级游戏的难度，以体会游戏的乐趣。角色扮演类游戏所构造的情感世界是所有类型的游戏中最为强烈的，能带给玩家最深刻体验的，因此也是目前最流行和最受欢迎的网络游戏。

2. 动作类游戏

动作类游戏一度是最简单也最流行的游戏。这类游戏不像角色扮演类游戏一样有复杂的故事情节，玩家一般通过射击或与其他玩家、怪物搏斗，闯过一系列的关卡后，最终战胜对手。

3. 策略类游戏

策略类游戏是一种让玩家通过使用策略来战胜对手的游戏类型。在这类游戏中强调的是使用策略而不是快速的动作和迅速的反应，如《大富翁》等。

4. 模拟类游戏

模拟类游戏是给玩家提供一个仿真的物体或环境，让玩家可以在其中模仿生活中真实的行为，如驾驶飞机或管理企业等，如《模拟城市》等。

5. 冒险类游戏

冒险类游戏指的是玩家在充满了悬念的故事情节的指引下，一步步探索游戏中的未知世界，在探索过程中合理地使用道具，解开各种谜题，最终破解整个故事的秘密。[1]

6. 体育类游戏

体育类游戏指的是赛车、足球、篮球等游戏。

7. 益智小游戏

益智小游戏指一些制作比较简单、体积比较小的游戏。它们一般比较注重考验玩家的观察、思考与逻辑判断能力，如《俄罗斯方块》《连连看》《翻翻看》等。

以上我们系统地分析了游戏的定义、特性和类型。在教学中应用游戏的时候，我们要结合课程内容选择合适的游戏。

---

① 叶展, 叶丁. 游戏的设计与开发：梦开始的地方[M]. 北京：人民交通出版社, 2003: 51-52.
② 赵海兰, 祝智庭. 关于教育游戏的定义与分类的探析[C] // 全球华人计算机教育应用学会. 第十届全球华人计算机教育应用会议论文集. 北京：全球华人计算机教育应用大会, 2006: 39-43.
③ 尚俊杰, 蒋宇, 庄绍勇. 游戏的力量：教育游戏与研究性学习[M]. 北京：北京大学出版社, 2012: 45-47.

二、教育游戏是什么

前面讲过游戏的定义、特性和类型，作为游戏的一个分支，教育游戏自然也应该符合游戏的这个定义及特性，这一节我们就来讨论一下教育游戏具体的定义、特性和类型。

（一）教育游戏的定义

与游戏类似，虽然教育游戏经常被提及，但是至今并无权威定义。李艺认为，教育游戏应该包括明确指向教育应用的电子游戏，以及附带有教育价值的某些健康的电子游戏或者具有"游戏"功效的其他学习辅助软件等。赵海兰和祝智庭认为，狭义上的教育游戏是指通过有趣性产生教育效果的游戏；广义上的教育游戏是指具有教育素材和游戏性因素的所有的教育软件。[2]

借鉴各位学者的意见，我们或许可以给教育游戏下一个这样的定义：狭义上的教育游戏是专门为教育而开发的电子游戏；广义上的教育游戏是一切兼具教育性和趣味性的教育软件、教具和玩具，包括专门以教育为目的开发的电子游戏、桌游、教具和玩具，具有教育价值的商业游戏，以及趣味性比较强的教育软件。[3]

还有一些与教育游戏具有类似内涵的名词，其中影响力比较大的是"严肃游戏"（serious games）。所谓严肃游戏，是指那些以教授知识和技能、提供专业训练和模拟为主要内容的游戏。这类游戏不以娱乐为主要目的，而是希望玩家在玩游戏的过程中能够学习知识、得到训练或者治疗。严肃游戏自从2002年被提出以来，已经在军事、医学、工业、教育培训等诸多领域得到了比较广泛的应用，如《模拟城市》等。

我们前面也提到轻游戏。所谓轻游戏，指的是能够充分发挥主流游戏激发学生内在动机的作用，比如，具有挑战性、充满幻想。轻游戏是能帮助深入整合课程内容和学习任务，且符合学校教育的课程模式和一般规则，主要应用于课堂教学的游戏化学习软件或平台。它可以简单地表述为"轻游戏 = 教育软件 + 主流游戏的内在动机"。轻游戏重在强调游戏的教育特性，激发学生的内在动机，像一些操练性游戏就可以算作轻游戏。

教育游戏、严肃游戏、轻游戏三者的关系大体如图1-27所示，我们认为，严肃游戏和轻游戏都属于教育游戏的范畴，两者有交叉，但又有所不同，轻游戏更多是从教育特性出发的。

（二）教育游戏的特性

作为游戏的一个分支，教育游戏也应该具备自愿性和自由性、非实利性、佯信性、规则性等基本特性，并具备趣味性、挑战性、虚拟性等特点。

需要特别注意的是，教育游戏首先必须强调教育目的或学习目标。其次，特别强调趣味性。因为如果教育游戏没有教育的目标，或不好玩，似乎就不符合开发教育游戏的初衷了。

另外要特别注意教育游戏的自愿性、自由性和非实利性。另外，如果游戏成果和学习成绩有关系，就很难说是自愿、自由和非实利的了。不过，总体来说，这不影响我们研究、设计、开发教育游戏，在第五章中我们会专门探讨这一点。

（三）教育游戏的类型

基于游戏的内容，教育游戏也可以分为角色扮演类、动作类、策略类、模拟类、冒险类、体育类和益智小游戏。

基于教育的视角，有学者给出了四种分类思路：一是参考加涅的学习结果对教育游戏进行分类，即判断该游戏有助于产生哪些学习结果；二是参考多元智能理论，可就其对个体某方面智能的发展影响来划归类别，同时每项智能也是按照由低到高的层次逐渐培养和发展的；三是参照学校学科体系，把游戏中的教育因素分别按照语文、数学、社会、艺术、健康、自然与科学六大项来归类；四是根据现有电子游戏所能支持的能力发展来分类。[①]

① 任秀平，李艺.电子游戏的分级与分类问题的教育视角论证[J].远程教育杂志，2009（2）：66-70.

表1-1是赵海兰和祝智庭等人根据教育游戏的内容进行的分类。它分为以课程学习为内容的游戏、以学习专门知识或进行技能训练为内容的游戏和以意识

1>图1-27
教育游戏、严肃游戏和轻游戏的关系

1> 表1-1 教育游戏的分类

目标人群	以课程学习为内容	以学习知识或进行技能训练为内容	以意识开发为内容
儿童	语言、数学、科学、其他	职业训练 生活信息	
青少年	有关高考的科目	健康、安全	缓和紧张 智力开发 感性开发
一般成年人	大学、研究生	股市行情、经济、健康、安全等	
特殊群体	公务员、公共设施使用者	企业、军队	

开发为内容的游戏。以课程学习为内容的游戏是指按照从幼儿园到高中阶段的课程内容而开发的教育游戏；以学习专门知识或进行技能训练为内容的游戏，除了包括正规课程以外，还包括各种通识及大学阶段的知识以及用于企业各种技能训练的游戏；以意识开发为内容的游戏一般是指以智力开发为主的游戏，另外，以感性、人性、灵性开发为目的的游戏也可以包括在此范畴中。①

---
① 赵海兰，祝智庭.关于教育游戏的定义与分类的探析[C]//全球华人计算机教育应用学会.第十届全球华人计算机教育应用会议论文集.北京:全球华人计算机教育应用大会，2006: 39–45.

三、游戏化是什么

前面其实已经提到了游戏化的概念。所谓游戏化，是将游戏或游戏元素、游戏设计和游戏理念应用到一些非游戏情境中，比如，在市场营销、教育培训中应用游戏或游戏理念。

游戏化是一个非常有趣的概念，在产品设计、人力资源开发、市场营销、教育培训等领域都有特别重要的价值。

首先，来看产品设计。最具代表性的产品设计恐怕要属前文介绍过的钢琴楼梯。很多人都很想走一走发出钢琴声音的楼梯。它的核心思想就是将产品设计得很有趣、很新奇、很好玩，然后让人们甘心情愿地做以前不一定想做或不一定做得到的事情。

其次，再来看看游戏化在人力资源开发中的运用。欧莱雅公司推出过《欧莱雅职业在线之旅》的游戏，让大家在玩游戏的过程中对欧莱雅有了一个更加清楚和清晰的认识，让大家意识到欧莱雅不仅需要时尚人才，还需要大量金融、计算机、企业管理等方面的人才，从而大大促进了人才招聘工作。

再次，游戏化在市场营销方面也有很多神奇的例子。其中，国内最为成功的例子恐怕非"微信红包"莫属了。它为什么这么吸引人呢？原因当然很多，这里

游戏化是什么？

面有移动互联网的发展、人们网络支付习惯养成等多个原因，但是2014年春节期间微信红包的一个小小的游戏化设计应该说起到了关键作用。以往的在线红包一般都只能发放固定数额，而且是指定发给某一些人，2014年微信红包可以发放随机金额的红包，并且可以让许多朋友来抢几个红包（图1-28）。这一个小小的设计，一下子就将传统的发红包变成了一场抢红包的游戏。

最后，除了以上说的商业应用以外，将游戏化和众包等技术相结合，还能做出许多让人叹为观止的事情。有学者开发了一个全民图片标记的小游戏（图1-29），这个小游戏会将一张图片发送到两个人的手机上，两个玩家同时为这张图片添加标签，如果添加的标签是一致的，双方就可以得分，然后再发下一张图片。这个游戏有什么用呢？其实大家不知道，当你高高兴兴地玩这个游戏的时候，就义务地、自愿地、高兴地帮谷歌为数百万张图片添加了精确的标签。

将游戏化和众包等技术相结合，发挥人和计算机的优势，还能解决重大科学问题。比如，虽然蛋白质的结构是比较复杂的，但是华盛顿大学的戴维·贝克利用游戏化的概念想出了一个特殊的方法，他设计了一款《叠叠乐》(Foldit)（图1-30）游戏，发动全世界的玩家通过玩游戏来探索蛋白质的结构，居然解决了

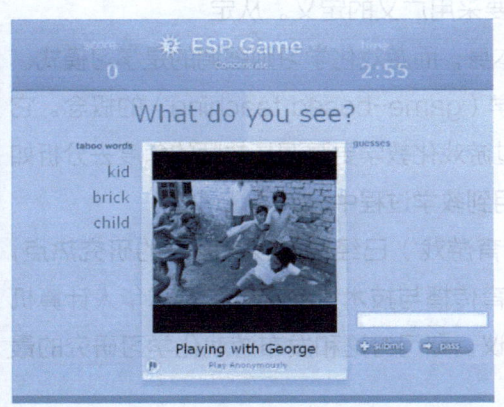
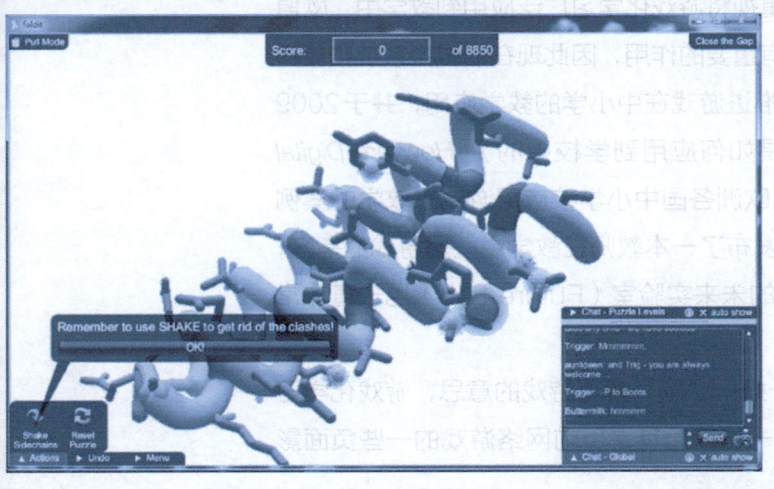

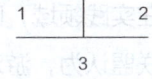

1>图1-28
微信红包
2>图1-29
ESP小游戏示意图
3>图1-30
《叠叠乐》游戏

很多问题。其中一个困扰专家10多年的病毒蛋白酶结构问题居然被一个玩家团队在10天之内破解。该项目的成果和方法被发表在国际顶级期刊上，引起了全世界的轰动。

许多游戏研究理论告诉我们，游戏之所以如此吸引人，最重要的是它能够激发人们深层的内在动机，而不是外在的报酬和其他名利。仔细分析一下以上的案例可见，这些游戏成功的原因就是巧妙的游戏化设计，它激发了人们的挑战、好奇、竞争等深层动机，让人不计名利并乐此不疲地沉浸于游戏中。

以上谈的多是商业领域的例子，实际上游戏化设计在教育中的应用领域更加广泛。当然，低年级学生可能比较适合使用纯粹的教育游戏，但是随着年龄的增加，教学真的不用拘泥于游戏的外在形式，只要把游戏的元素、理念、设计和精髓应用到教学环节中，能够激发学生的学习动机就行了。比如，教师喜欢使用的"发小红花""发奖状"等策略，其实就是一种游戏化思维。

四、游戏化学习/教学是什么

前面除了用到教育游戏和游戏化的概念外，还经常用到游戏化学习的概念。狭义的游戏化学习是将游戏尤其是电子游戏用到学习中；广义的游戏化学习是将游戏或游戏元素、理念或设计用到学习中。在本书中，我们主要采用广义的定义。从定义可以看出，教育游戏强调的是游戏本身，而游戏化学习则强调的是学习模式。

游戏化学习是什么？

当然，本课程还用到了游戏化教学（game-based teaching）的概念。它和游戏化学习本质上是相通的，只不过游戏化教学更强调从教师的角度去分析如何将游戏或游戏元素、理念或设计应用到教学过程中。

在研究领域，游戏化学习（或教育游戏）已经成为教育领域的研究热点，国内外许多重要学术会议（如美国教育传播与技术协会年会、全球华人计算机教育应用大会等）都设置了相关子会议，专门讨论和发布游戏化学习研究的最新成果。

在实践领域，欧美发达国家比较重视将游戏化学习广泛应用到教学中。欧盟学校联盟认为，游戏在教育系统中具有重要的作用，因此现在的教育系统和教师绝不能忽视游戏。该组织一直致力于推进游戏在中小学的教学应用，并于2009年发布了一个调研报告《电子游戏是如何应用到学校中的》（How are Digital Games Used in Schools），主要介绍欧洲各国中小学校应用游戏来教学的案例和经验，在这个报告基础上，他们还发布了一本教师在教学中使用游戏的指南，该指南被翻译成多国语言发行。英国的未来实验室（Future Lab）也一直非常关注电子游戏在中小学校的应用。

在我国，古人云，"业精于勤荒于嬉"，"嬉"就有游戏的意思，游戏化学习在我国教育中的应用发展得相对缓慢一些，尤其是目前网络游戏的一些负面影

① 尚俊杰,蒋宇.中国南方发达地区中小学校长教育游戏应用意见调查[J].电化教育研究,2010(8):100-105.
② 高岚岚.福建农村小学教师教育游戏应用调查与分析[J].漳州师范学院学报(自然科学版),2009(4):164-168.

响,让许多对游戏持乐观态度的教师都望而却步。但是近年来教育管理者、一线教师和校长对游戏化学习的态度逐渐发生了转变,很多人愿意积极去尝试。一线教师也迫切希望学校能够支持他们引入和实践新的教学方式,并在教学中推广新的教学游戏。①②

2015年,中国教育技术协会教育游戏专业委员会正式成立。该委员会希望团结研究机构、一线学校和相关企业等单位共同去探索游戏在教育中的价值,推动游戏化学习(或教育游戏)事业的发展。目前,该专委会正在全国中小学校努力开展"游戏进课堂创新计划",该计划旨在发动各方力量,将游戏化学习方式推广到课堂中,以激发学生学习动机,促进创新人才的培养,从而推动学习变革和教育创新。客观上这也是为了促进游戏产业健康发展,让广大青少年从游戏中受益而不是受害。目前,已经有很多学校和教师参与了该计划,并奉献了许多精品课例(图1-31)。

● 本章小结

本章探讨了游戏的教育应用价值,并通过案例探讨了游戏在课堂教学中的应用情况,最后系统梳理了游戏化教学的相关概念,希望各位读者能够对游戏化教学形成比较全面的认识。

通过本章内容,我们可以认识到:游戏作为一种新型的信息技术、一种文化表达形式,对青少年的生活、学习产生了巨大的影响,已经成为青少年日常生活不可分割的一部分。游戏化学习作为一个新的研究领域,受到越来越多人的关注,游戏的教育应用价值也不断凸显出来,相信终有一天游戏化学习会普及并应用到课堂教学中,让孩子们都能够开开心心地享受学习的快乐,高高兴兴地成长为创新型人才。

1>图1-31
"游戏进课堂创新计划"网站首页

您是如何开展游戏化教学的?

池凤霞:
在英语教学中,为了激发学生的情趣,我运用了一些游戏化教学方法。比如,在学习购物语言时,让学生扮演售货员和顾客,进行购物演练。物品都是学生从家里带来的,并贴上了价格标签。学生参与表演时,兴趣很高,很快就学会了用英语购物。学生们在玩中学,提高了学习的效率。

dsbzli2163com:
我会把学生分组,然后像网络游戏那样,进行"帮战"并且有排位赛,每个小组通过答题来"帮战",然后根据得分来"排位",最后我会对优胜小组进行奖励。学生很喜欢,积极性很高!

刘汉超:
我是一所私立学校的小学全科教师。我们学校作为一所改革实验学校,倡导合作化教学、游戏化教学、体验式学习和自主性学习。我们也邀请了芬兰的一些专家给我们做过培训,学习了一些经典的课堂组织形式和游戏。但在教学过程中,我们发现,学生如果一直在游戏中学习,也会出现问题,比如没有游戏时,容易走神;玩了太多游戏,产生厌倦;课堂游戏时间过长,影响课堂效率。因此,我希望在本次学习中获得一些新的灵感,突破现有的瓶颈。

第二章
游戏化教学准备

○ **学习目标**

了解人们为什么喜欢玩游戏

掌握游戏化教学的两种方式

掌握如何为教学活动选择合适的游戏

掌握如何将教学活动游戏化

了解如何开发教育游戏

在了解了游戏的教育价值后，小张老师对游戏化教学非常感兴趣，在学校教导主任的引荐下，她获得了一个去教育游戏企业参观的机会。当天，企业的产品经理、研究员和游戏设计师要交流如何开展游戏化教学，小张老师正好可以旁听会议，进一步学习。

▮知识导图▮

人们为什么喜欢玩游戏?

> 需要动机理论
> "心流"理论
> 内在动机理论

既然喜欢

如何进行游戏化教学？

案例〈一〉
在教学活动中引入游戏

○ 如何选择游戏？

○ 如何开发游戏？

案例〈二〉
将教学活动设计成游戏

○ 如何游戏化？

○ 游戏化工具箱

第一节　人们为什么喜欢玩游戏

你肯定有过玩游戏的经历，你是否也曾因获得一枚徽章、赢得一场对抗赛欣喜若狂，或者跟队友一起战斗而感觉酣畅淋漓？游戏的魅力让很多人不能自拔，那么，人们为什么喜欢玩游戏呢？让我们尝试解开这个谜题。

一、游戏的需要动机理论

著名心理学家马斯洛提出了"需要层次理论"，根据人类需要的程度，他将其分为类似于金字塔的等级（图2-1），从下到上依次为：生理需要、安全需要、归属和爱的需要、自尊需要、认识和理解的需要、审美需要、自我实现的需要。[①]他认为人的需要可以按照以上顺序排成一个阶梯，人只有在满足低层次的需要后才会产生高层次的需要。

① 马斯洛. 动机与人格[M]. 许金声, 译. 3版. 北京: 中国人民大学出版社, 2007: 40-43.

该理论发表以后，在心理学、社会学等多个领域产生了重要影响。自然有学者试图用该理论来阐述人们玩游戏的动机。

如果仔细分析游戏，尤其是网络游戏中的聊天、组队、练功、升级等活动，我们可以看出游戏满足了不同玩家不同层次的需要。游戏中的攻击行为，相当程度上满足了玩家的生理需要；由于网络的匿名性，玩家在进行各种活动时满足了自己的安全需要；在游戏中，玩家通过互相帮助、组队打怪、组团抗暴等活动，满足了自己归属和爱的需要；当通过不断学习、练习技术，达到很高的级别时，玩家会受到其他玩家的赞赏和肯定，这满足了其自尊的需要；玩家通过游戏可以学习新的知识，满足了其认识和理解的需要；在游戏中，玩家可以改变自己的装

1>图2-1 马斯洛需要层次理论

扮，使人物更加生动活泼，游戏内容更富有情趣，从而满足了其审美的需要；玩家不断地向难度更高的游戏发起挑战，通过游戏实现梦想、开拓潜能，在虚拟游戏中满足了自我实现的需要。也有学者认为，虽然玩家在游戏中的需要可以在需要层次理论中找到对应和满足，但不一定按照先后顺序排成阶梯关系，玩家在不同的窗口能得到不同的需要满足。比如，玩家在一个窗口中和敌人打杀，在另一个窗口中和朋友聊天。

无独有偶，游戏设计师理查德的著作《游戏设计：原理与实践》也曾结合人的"需要"和游戏特性来解释玩家为什么喜欢游戏，他认为以下原因决定了人们喜欢游戏。[1]

① ROUSE Ⅲ R. 游戏设计：原理与实践[M]. 尤晓东，等译.北京：电子工业出版社，2003：45.
② CSIKSZENTMIHALYI M. Beyond boredom and anxiety[M]. San Franciso: Jossey-Bass Publishers, 1975: 36-37.

（1）玩家需要挑战。人们希望面对挑战并战胜挑战，这是单人游戏获得较大发展的重要原因。

（2）玩家需要交流。游戏的根源及其吸引力的重要部分在于它的社会性，人们玩游戏的根本原因是与他人进行交流，这是人们更喜欢多人游戏的原因。

（3）玩家需要独处的经历。人们虽然需要交流，但是有时候也因为种种原因希望能独处，想自己安静一会儿。在玩游戏的时候，人们可以随时开始或停止游戏。

（4）玩家需要炫耀的权利。玩家玩游戏也是为了赢得尊重，当玩家战胜挑战的时候，他们会认为自己能够做得很好，会产生很强的自我满足感。

（5）玩家需要情感体验。玩家在玩游戏的时候也在寻求情感体验，如面对冲突时的兴奋和紧张、完不成任务的失望、成功后的喜悦。特别有意思的是，玩家想要的是游戏带来的感觉，这种感觉不必是积极的或幸福的，失败也是一种特殊的感觉。

（6）玩家需要幻想。事实上，很多人都想要进入一个比现实世界更为精彩的虚幻世界中，而一款设计良好的电子游戏，使玩家能够真正有机会过上幻想中的生活。而且，这种虚拟生活是排除了枯燥细节的"纯洁生活"，他们在其中可以扮演英雄或罪犯，可以改变历史……而且，这一切不用在现实社会中付出任何代价。

二、游戏的"心流"理论

近年来，契克森米哈赖提出的"心流"理论（有些文献也将其翻译为"沉浸"理论）也被广泛应用在网络和网络游戏的研究中。

所谓"心流"，是指参与者被所从事的活动深深吸引，意识被集中在一个非常狭窄的范围内，所有不相关的知觉和思想几乎都被过滤掉了，只对具体的目标和明确的反馈有感觉。[2]简单地说，"心流"就是当个人完全沉浸在一项活动时所产生的一种心理状态，个人因为兴趣完全融入其中，并且丧失其他不相关的知觉，就好像被活动吸引进去一般。

① WEBSTER J, TREVINO L K, RYAN L. The dimensionality and correlates of flow in human-computer interactions[J]. Computers in Human Behavior, 1993, 9(4): 411-426.
② CSIKSZENTMIHALYI M. Beyond boredom and anxiety[M]. San Francisco: Jossey-Bass Publishers, 1975: 36.
③ CSIKSZENTMIHALYI M. Beyond boredom and anxiety[M]. San Francisco: Jossey-Bass Publishers, 1975: 36.

研究证明,"心流"能够给人带来快乐,并使人希望继续持续该活动。①那么什么时候才能产生"心流"呢?在目标明确、有立即回馈,并且挑战与能力相当的情况下,人的注意力开始凝聚,逐渐进入心无旁骛的状态,这时就产生了"心流"。契克森米哈赖还认为,在传统活动中,人在爱好、运动和看电视等主动式休闲活动中比较容易产生"心流"。

在"心流"理论中,技巧(skill)和挑战(challenge)是两个非常重要的因素。如图2-2所示,当挑战远远高于技巧水平,玩家无论如何努力都不能完成某件任务时,他就会开始焦虑(anxiety);当挑战远远低于玩家的技巧水平时,他就会觉得枯燥和单调,并进而对游戏产生厌倦情绪(boredom);只有当两者平衡的时候,玩家才能进入真正的"心流"状态。因此,游戏要注意保持挑战与技能的平衡,让参与者在不知不觉间完成难度逐步进阶的任务。②

反观电子游戏,我们发现电子游戏由一个个明确目标的任务组成,且参与者可以获得及时和明确的反馈,这些都有助于"心流"的产生。③

陈怡安曾指出:网络游戏本身的独特性是造成玩家较容易产生"心流"经验的原因。游戏中的角色扮演、趣味性、远距离场感、操纵性、即时多人互动等特性,都会影响玩家在游戏过程中"心流"经验的产生。当玩家完全涉入游戏活动时,他很容易丧失自我意识,在花费全部的心思时,其他的思想会完全被忽略。游戏能带给玩家成就感、满足感,并且使他产生一种充满乐趣的心理状态,这也是玩家很容易因游戏上瘾而废寝忘食的原因。

三、游戏的内在动机理论

根据前面的理论,我们知道游戏可以满足人们的多种需要,并且容易让人进入"心流"状态,所以很受欢迎。但是,到底是什么因素使游戏更容易满足游戏者的不同需要呢?

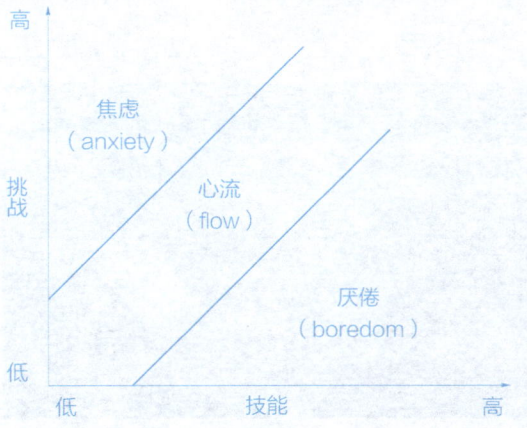

图2-2 "心流"理论中的技巧与挑战

马隆曾对此进行了比较细致和详尽的研究[1][2][3]，提出了一套完整的"内在动机"（intrinsic motivations）理论[4]。该理论将内在动机分为个人动机（individual motivations）和集体动机（interpersonal motivations）两类：个人动机包括挑战（challenge）、好奇（curiosity）、控制（control）和幻想（fantasy）；集体动机包括合作（cooperation）、竞争（competition）和自尊（self-esteem）。

> [1] MALONE T W. What makes things fun to learn? A study of intrinsically motivating computer games[J]. Pipeline, 1981, 6(2): 50-51.
> [2] MALONE T W. Toward a theory of intrinsically motivating instruction[J]. Cognitive Science, 1981, 5(4): 333-369.
> [3] MALONE T W. Guidelines for designing educational computer programs[J]. Childhood Education, 1983, 59(4): 241-247.
> [4] MALONE T W, LEPPER M R. Making learning fun: a taxonomy of intrinsic motivations for learning[J]. Aptitude, Learning, and Instruction, 1987(3): 223-253.

（一）个人动机

1. 挑战

所谓挑战，指的是游戏中存在的难度适当的目标和任务，如过关或升级等，能够激发游戏者的好胜心，促使玩家去应对挑战，赢得胜利。要增强挑战性，就要给玩家明确的目标和不同难度的任务，并积极给予适当的反馈意见。

在日常生活中我们经常看到这样的场景：周末孩子在自己的房间打游戏，午饭时间到了，可口的饭菜已经做好，爸爸、妈妈叫孩子吃饭，孩子激战正酣，虽然肚子已经饿得咕咕叫，心里想的却是：打完这一关再吃饭，等打完了这一关，又想再打一关，直到爸爸、妈妈过来揪起耳朵，才肯上饭桌吃饭。游戏就这样发出一个接一个的挑战，让玩家不能自拔。

图2-3是电子游戏《趣味滚动球》。它是一个看似简单但却极富有挑战性的游戏，玩家需要将球从高处滚动到低处的一个洞里。看到这个游戏，你是否很想把这个小球滚进洞里呢？

> 充满挑战的《趣味滚动球》，你也试试！

2. 好奇

所谓好奇分为感官好奇（sensory curiosity）和认知好奇（cognitive curiosity）两类。感官好奇可以通过音乐和图像来增强，而认知好奇可以通过利用一些似是而非、不完整、简化的观点让人们产生疑惑或者对问题产生矛盾看法来增强。

人生来就是好奇的，睁开眼睛，就开始探索这个神奇的世界，刚学会说话，

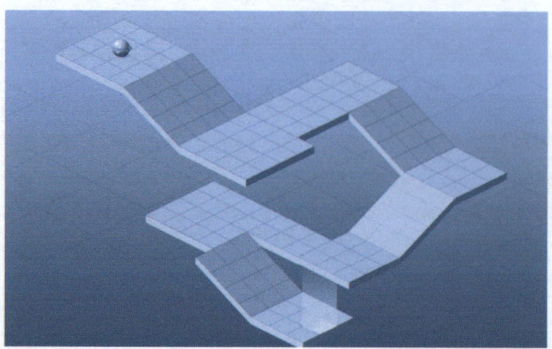

1 > 图2-3
《趣味滚动球》游戏画面

就开始问妈妈这是为什么，那是为什么……在游戏中也是一样，很多玩家也是因为好奇才愿意玩游戏的。

比如，一位颇有文采的玩家说："初入游戏的浩渺大海，我对眼前的一切感到新奇和不可思议。"

一位资深玩家说："第一个月，我对游戏充满了无尽的好奇，虽然有十多年的游戏经验，但在网游这方面，我还一无所知。"

一位迷恋打字游戏的玩家说："为了知道后面的剧情，我没日没夜地练习，努力加快打字速度。"

下面来看动画《人怎么少了一个》（图2-4）。在画面中，最开始是13个人，按下游戏开始按钮后，图片内容不改变，只是图中两个区域交换一下位置后，游戏画面中就成了12个人。那一个人到底去哪儿了呢？几乎每个人看到这幅图片，都特别好奇，想研究一下人究竟去哪里了，这就是好奇的魅力。

3. 控制

所谓控制，指的是让玩家感觉自己能够决定和控制游戏中的活动。要增强控

变化前

变化中

变化后

1>图2-4
《人怎么少了一个》

制感，就要随时回应玩家的操作，并给玩家提供各种可能的选择，而且让其感到有能力来决定操作的结果。

比如，《俄罗斯方块》游戏是一名电脑工程师于1984年开发的，风靡至今。当然，《俄罗斯方块》流行有很多种原因，但是不可否认，当你摆放那些小方块的时候，有一种控制了它的感觉，想往左就往左，想往右就往右，想让它旋转就让它旋转……此外，人们在喜欢控制的同时，也有被控制的心理需求。在《俄罗斯方块》游戏中，当你以为自己控制了游戏中不断落下的小方块的时候，你有没有想过其实你也被它控制了呢？当你打开这个游戏的时候，你已经顾不上去思考它到底好玩不好玩，而是忙着去移动、变换这些小方块，让它落到合适的位置。

4. 幻想

幻想可以让玩家把自己想象成自己扮演的角色。比如，有玩家说："每次都坐在电脑前大笑，凝神，幻想着自己在虚拟世界里的成功。在一个虚构的世界里，我们可能是大侠客，也可能是偷车贼。这是一种宣泄，一种刺激，一种从未有过的虚拟的人生经历。"

要增强幻想性，设计者在设计游戏时就要注意玩家的情感需求，在呈现材料时要适当使用比喻和类推。

（二）集体动机

1. 合作

所谓合作，指的是玩家彼此之间联合完成全部或某项任务。与他人合作有助于增强玩家的内在动机，将活动分割成相互联系的部分，有助于玩家产生合作动机。比如，两个人正在一起打怪，其中一个队友很难说出口要退出战斗。

2. 竞争

与合作类似，玩家彼此之间的竞争也有助于增强学习的内在动机。比如，两个人正在打对抗游戏，其中一方想放弃就比较困难。

竞争是激发动机最重要的因素之一，也是常见的游戏元素之一。只要将人员分成组，不管比赛的内容是什么，人们的动机就会变得较强。但是，也要特别注意竞争的负面作用，比如，在教学活动中安排过多的竞争可能会打击学生的学习积极性。

3. 自尊

所谓自尊，指玩家因其所获得的成就得到了其他人的赞赏和认可。要增强自尊动机，设计者可以提供一种非常自然的方式，比如设计一些角色、勋章、等级、排行榜等，将玩家的成就展示给其他人。

① MALONE T W, LEPPER M R. Making learning fun: a taxonomy of intrinsic motivations for learning[J]. Aptitude, Learning, and Instruction,1987(3): 223-253.

马隆认为，正是内在动机（而非明显的外在报酬和鼓励）才使得人们对游戏乐此不疲。①事实上，他们的研究结论目前已经被广泛接受和引用。有一些学者也进行了类似的研究。比如，有学者认为，好奇是促使玩家继续游戏的重要原

[1] AMORY A, NAICKER K, VINCENT J, et al. The use of computer games as an educational tool: identification of appropriate game types and game elements[J]. British Journal of Educational Technology, 1999, 30(10): 311-321.

因，玩家总是希望知道自己的行动究竟会导致何种结果。

因为总是希望能获得更好的结果，所以玩家们就会乐此不疲地玩下去。[1]你是不是也希望自己的课堂越来越能有吸引力？那就在乐此不疲地阅读本书吧！

第二节　游戏化教学有哪些方式

广义的游戏化教学指的是将游戏或游戏元素、理念或设计用到教学中。根据游戏元素、理念或设计在教学中的应用方式不同，我们提出两种主要的游戏化教学法：一是将游戏应用于教学活动中，二是将教学活动设计成游戏。

一、两种主要的游戏化教学法简介

微信运动为了鼓励人们多步行，开发了步数排行榜（图2-5），这个精巧的游戏化设计激励很多人开启了"暴走模式"。那么如何将游戏化应用于教学中呢？

1>图2-5
微信运动步数排行榜

有研究专家根据知识类型分别找到对应的游戏化教学方式。①知识有多种分类，如陈述性知识、程序性知识、概念性知识、规则性知识、流程性知识、软技能、情感态度和动作技能等。

比如，在语文课上，字词是陈述性知识，反复朗读、书写、背诵是这类知识的主要学习方式，学生学习起来比较枯燥，如果应用《猜字》游戏，学生不断点击、查看游戏界面中字的更多部分时，不仅记住了字的结构、字的写法，还大大提升了记忆的趣味性。

考虑到一线教师一般不会对课堂学习内容进行细致的分类，我们根据游戏在教学中的应用目的和应用形式的不同，提出游戏化教学法的两种主要方式：一种是将游戏作为教学各环节的支持工具，在教学活动中使用已有的电子游戏或者传统游戏，游戏之间相互独立，游戏的应用是为了达到某一个教学环节的教学目的；另一种是利用游戏元素，比如，积分、任务、徽章、排行榜等，将学习活动变成一个游戏，甚至将课堂整体设计为一个大游戏。②

比如，在英语课上，为提升学生的单词发音和句子朗读能力，教师可以使用《英语流利说》这样一款游戏化的英语口语打分应用软件（图2-6），学生跟读句子或者和软件进行对话，软件会根据学生的发音进行评分并即时给予积分奖励，软件还设置了闯关模式，真正让口语学习变成了一个游戏。

并不是所有的教学内容都能够找到合适的游戏作为教学支持工具的，比如在语文课上学习古诗词时，我们就很难找到合适的游戏作为教学支持工具，这时候就可以利用诸如积分、徽章、排行榜、小组比赛之类的游戏元素将传统的学习活动设计为游戏。教师可以在课堂上设置排行榜，学生每完成一个任务就得到一定数量的积分。待一节课结束时，教师根据积分排行榜上学生的排名，为学生颁发不同类别的徽章。

① KAPP K M. 游戏，让学习成瘾[M].陈阵，译.北京：机械工业出版社，2015：155-171.
② 肖海明，尚俊杰.游戏进课堂：融入学科教学的游戏化创造力培养研究[J].创新人才教育，2015（1）：32-36.

在你的课堂中试试这两种方式的教学！

1>图2-6
《英语流利说》游戏化的口语打分应用软件

需要注意的是，并不是所有的学习内容都适合采取游戏化教学方式，不同的教学内容适合的游戏化教学方式也不同。

二、"玩中学"——在教学活动中引入游戏

游戏化教学的第一种方式是将游戏作为教学支持工具在教学活动中使用。根据游戏所应用的教学环节不同，游戏可以分为激发学生动机的热身游戏、深化课程内容的模拟游戏、辅助学生理解课程内容的体验游戏以及巩固知识的练习游戏。运用不同类型的游戏，能增强师生、生生之间的课堂互动，学生的学习积极性也因此被极大地调动起来。

热身游戏能很好地调动课堂气氛，还可以通过融入已学知识或者设置新的知识线索，起到承前启后的作用。例如，在小学语文课上使用"词语接龙"作为热身游戏，每个小组派代表参与游戏。比如，教师先说"江河日下"，第一位同学可以说"下马威"，依次传递下去，说错的学生被罚下，最后剩下的学生代表其所在小组获胜。这个游戏不仅能够活跃课堂气氛，还能锻炼学生的反应速度，培养学生的注意力。

模拟游戏能够将抽象的学习内容具体化，如角色扮演、情境再现等。如在小学科学课中，有"光的反射"这一学习主题，一般的教学方式是教师使用激光笔、平面镜和白板纸，让学生观察激光经过镜面反射的光线路径，理解光的反射原理。在游戏化教学中，教师可以引入《光线反射》电子游戏（图2-7）。游戏设置了不同的关卡，学生需要在不同位置上放置平面镜让光线进行一系列的反射，最终穿过目标点进行闯关。学生在游戏中操作平面镜后直接看到入射光和反射光的路线变化，光的反射原理就直观、易懂了。

辅助学生理解课程内容的体验游戏，主要是根据课程内容设计与学生生活密切相关的游戏，让学生通过对比游戏和课程的相关内容，更深入地理解知识。比如，在科学课"时间的测量"学习中，为了让学生体验时间的测量方法，教师可以让学生根据自己的"心跳"估测1分钟的时长，估测的准确度越高，小组得到的分数就越多。

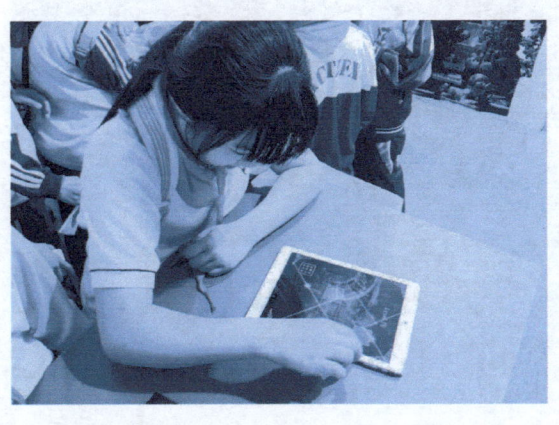

1>图2-7
学生在《光线反射》
游戏中体验光的反射原理

练习游戏的设计比较灵活,主要是为了激发学生巩固所学知识的学习动机,可以有语言表达类游戏、计算类游戏、操作类游戏。如在小学数学"10以内的加减法"中,为了让学生巩固所学内容,教师可以引入Flash小游戏,以小猪探宝的方式,让学生练习10以内的加减法(图2-8)。当学生选择正确的计算结果时,小猪向前走一步。在这样的一个游戏中,学生练习加减法的积极性得到很大提升。

在教学环节中作为教学支持工具的教育游戏,可以是电子游戏,也可以是非电子化的传统游戏,具体要依照学习内容和教学环境条件而定。巧妙地应用游戏的课堂,一定可以让学生学在其中,乐在其中。

▶ 《汉诺塔》教育游戏　　　　　　　　　　　　　　　　●案例

> 案例基本信息

课程:人教版小学《数学》四年级上册第八单元。

教师:北京师范大学朝阳附属小学侯蕊。

来源:中国教育技术协会教育游戏专业委员会2016年年会一等奖案例。

> 教学目标及重难点

1. 教学目标

(1)通过自主探索、小组合作交流,发现汉诺塔移动最少步数的规律。

(2)通过不同步数的对比初步感受优化的数学思想。

(3)通过问题情境的创设,激发用数学解决问题的兴趣。

2. 教学重难点

引导学生发现汉诺塔移动最少步数的规律。

> 教学过程

本案例实质是数学领域的递归问题,需要学生在边思考边移动过

1 > 图2-8
《小猪探宝》游戏

程中发现规律。由于移动步骤多，过程多变，因此学生发现汉诺塔移动最少步数的内在规律并不容易。针对这一难点，本节课结合探究性学习和《汉诺塔》（Tower of Hanoi）教育游戏，让每个学生都可以反复尝试，对比分析，探究规律。教学过程如图2-9所示。

1. 导入

在"世界中心"的圣庙里，一块黄铜板上插着3根宝石针。神在创造世界的时候，在其中一根针上从下到上、由大到小地串好了64片金片，这就是所谓的汉诺塔。不论白天黑夜，总有一个僧侣在按照下面的法则移动这些金片：1次只移动1片，不管在哪根针上，小片必须在大片上面。僧侣们预言，当所有的金片都从梵天串好的那根针上移到另外一根针上时，世界将在一声霹雳声中消失。

教师由汉诺塔世界末日传说导入，让学生了解游戏规则，引出研究问题：如果你是数学家，你会怎么看待汉诺塔问题？

2. 活动一：探究2、3片的移动方法

（1）探究2片的移动方法

① 想一想，试一试：2片可以怎么移动？学生移动展示，大家一起数一数：这样移动用了几步？2片还可以怎么移动？（学生移动展示）大家再数一数，用了几步？

② 对比：一个3步，一个5步；是什么决定了步数的多少？

③ 小结：移动时第1步很重要，它决定了步数的多少。步数多，用时长；步数少，用时短。为了推算预言中世界末日最早到来的时间，就要选择研究最少步数的移动方法。

> **设计意图**
> 通过对比不同的移法，学生体会到关键步（第1步）决定着步数的多少，明确了进行方法优化的意义。

（2）探究3片的移动方法

① 猜测：3片最少需要几步呢？

② 使用《汉诺塔》App进行第一次尝试，教师询问学生分别用了几步。

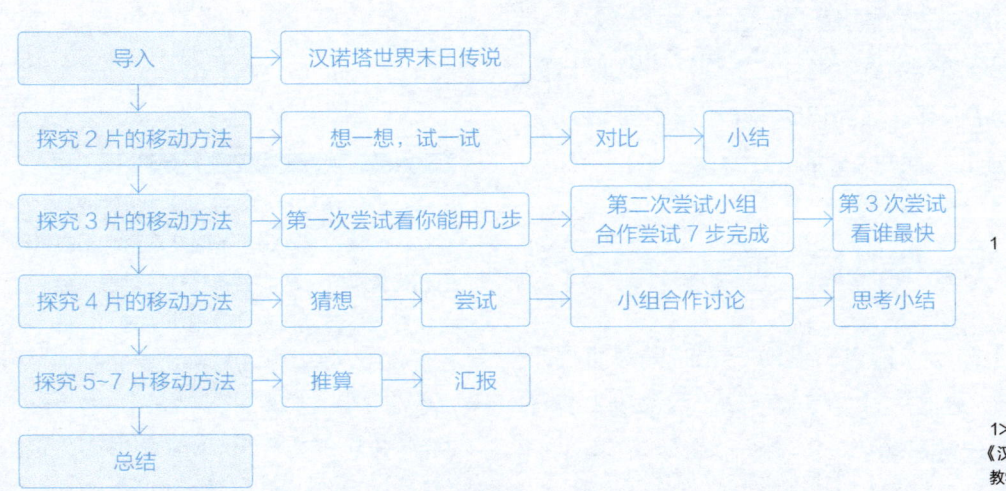

图2-9 《汉诺塔》数学游戏教学过程

③ 第2次尝试：教师将全班同学进行分组，学生通过小组项目学习方式合作探讨如何实现7步移动3片。

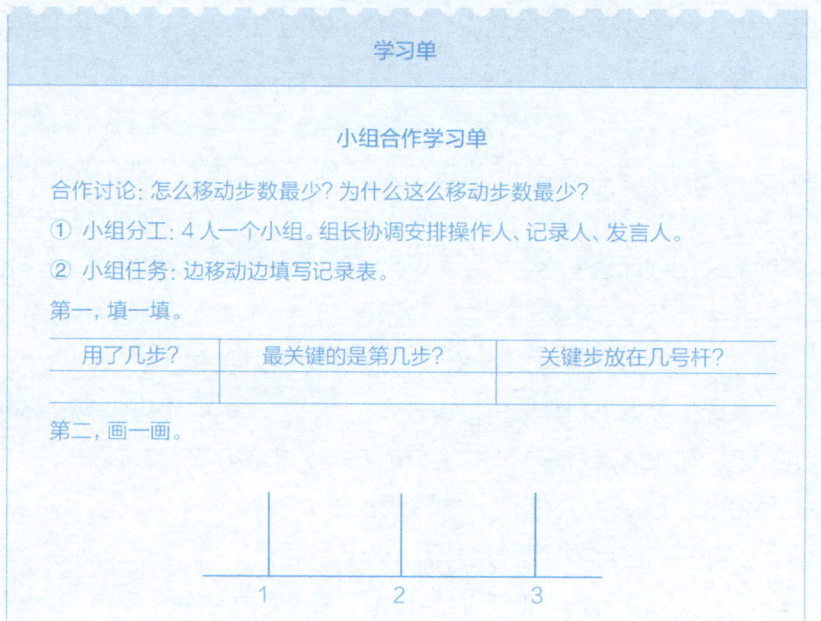

学生汇报合作学习成果，并通过《汉诺塔》App移动展示进行直观讲解。

小结：为实现用最少步数移动成功，就要使最大片一次移动到目标3号杆；那就要把上面的两片用最少步数移到2号过渡杆，想一想我们移动两片的经验，用几步？当最大片到位后，就需要把2号过渡杆上的两片移动到3号目标杆，用几步？板书：3，1，3（用了3步，最关键的是第1步，关键步放在3号杆）。

④ 第3次尝试：比赛，看谁最快成功。

第1个成功的同学展示自己的计时和步数。

仔细观察这些数据，有什么发现？（发现步数和时间的关系，大约移动一步需要不到1秒。）

3. 活动二：探究4片的移动方法

（1）猜想最少步数。

（2）使用《汉诺塔》App试试，交流成功移动的步数。

（3）小组合作探讨：借助下面的关键步提示（图2-10），边画边想：怎么移动步数最少？为什么这么移动步数最少？

设计意图

通过合作学习，学生认识到只有在活动中学会有目的的思考，才能探究出最优的移动方法；通过对比观察几次活动的数据不难发现，只要方法对了，就能快速移动成功。

设计意图

应用前面的活动经验，尝试探索4片的最优移动方法。这既是对前面活动经验的巩固和检验，又有游戏的新变化，对学生而言比较难。因此，教师要给出关键步，请学生再一次利用支架进行探究学习，突破难点。这样的方式既有利于帮助学生体会旧经验在解决新问题中的重要作用，又有利于引导学生感悟解决问题要抓关键。

学生汇报合作学习成果，并通过《汉诺塔》App移动展示进行直观讲解。

思考小结：4片的移动借助了移动几片的经验？

4. 活动三：5～7片的移动方法

（1）思考：5片、6片、7片不移动，能不能借助我们刚才的活动经验推算出最少步数？

（2）学生用自己喜欢的方法在《汉诺塔》App上进行推算（如图2-11）。

（3）学生汇报自己发现的规律和推算的过程。

（4）教师展示继续依此推算下去的过程，直至推算出如果每秒移动一次，移动64片需要5 849亿年！而据科学家研究，太阳的寿命可能最多还有100亿年！对比两个数据，你们有自己的结论了吗？

5. 全课总结

一起回顾一下：我们是如何破解世界末日预言的？

> **设计意图**
> 学生通过回顾移动3片、4片的经验，进而发现规律，推算出移动更多片的最少步数。采用图文结合的方式推算，给学生思考留白，有利于培养学生的创造力。

> **设计意图**
> 利用数据对比，学生自主分析、判断，进而破解了世界末日的预言。通过梳理破解预言的过程，学生了解问题解决过程中的常用方法，为可持续发展奠定了方法、能力基础。

1＞图2-10
《汉诺塔》游戏4片移动图
2＞图2-11
《汉诺塔》游戏5～7片图

● **案例点评**

义务教育阶段的数学课程强调让学生将实际问题抽象为数学模型，进行解释应用，继而在理解的同时发展思维能力。汉诺塔问题源于印度一个古老传说，由于移动步骤多，学生发现汉诺塔移动最少步数的内在规律并不容易。在本案例中，教师在课堂中采用了益智小游戏——《汉诺塔》，整堂课在不同难度游戏操作中进行规律探索，让学生领会数学的优化思想。作为将游戏应用于教学活动的游戏化教学案例，具有如下值得我们学习的地方。

1. 以问题解决为导向，游戏服务于课堂

案例伊始，教师以世界末日预言的视频导入，让学生以打破预言为目的，进行探究活动。学生每一次的想一想、试一试都是在由浅入深地解决问题。课堂使用了《汉诺塔》App，能够对学生的每步操作进行自动计步、计时，避免实操时不易统计和违反规则的问题。游戏服务于教学：首先，表现在游戏方便学生直观地看到移动步骤；其次，游戏的关卡与探究的问题顺序相契合，探究2～7片的汉诺塔牌移动规律和最少步骤恰好是游戏的难度进阶。应用游戏是为了让教学更加便捷，让复杂问题简单化，让学习更加有趣。

2. 多种方法相结合，引导思考和探究

学习数学规律和数学思想，探究式教学法最为合适，这个案例将探究、合作活动与游戏相结合，且难度递增。教师不仅让学生使用App进行操作，还在小组活动时设计了填一填和画一画活动，纸笔和电子化操作结合，充分调动了学生的参与度。在整个教学过程中，教师不断抛出问题，在问题的指引下，学生对游戏规律进行尝试、思考和总结。

综上所述，本节课为学生提供合适的探讨环境，在游戏中层层递进地发展学生的数学思想方法，帮助他们积累活动经验。教师采用对比的方法，帮助学生理解并不断深入认识问题，给予学生充分的自由进行探究；设计了合理的脚手架，便于学生发现游戏的内在规律、突破难点；问题的设计指向明确，学生层层递进地深入探讨，以推进学生思维发展为目的的游戏设计使教学难点变简单。

三、"课堂亦游戏"——将教学活动设计成一个游戏

游戏化教学法的第二种方式是利用游戏元素将教学活动甚至是整节课程设计成一个游戏。这种方法适用于教学目标相对抽象、课堂教学环节较少，由学习内容与学生生活较疏远导致学生学习积极性不高的课程。

在这种游戏化教学方式中，首先，我们应将教学目标分解成多个子目标；其次，根据各个子目标的特点，利用小组称号、积分、徽章、排行榜、组间PK等游戏元素为子目标设计一系列游戏任务；最后，整个课程或者多个教学活动结束

时，教师根据每个小组或者个体的全程表现，宣布游戏最终的结果。

以小学语文古诗《春晓》的教学为例。首先，师生明确《春晓》学习的几个课堂任务，包括字词学习、古诗全篇背诵和古诗理解。

然后，在课堂上，学生可分成几个小组，每个小组起一个响亮的称号进行游戏闯关。

第一个任务：字词学习。教师在带领学生学习了字词的拼音和写法后，让每个小组学生跟着教师的拼读进行默写，然后小组内部同学之间相互批改，每写对一个字词得一分，将小组内每个人的得分加起来作为该组的总得分。在该环节得分最多的小组获得一枚"字词通关王"徽章。

第二个任务：古诗全篇背诵。教师指导学生背诵《春晓》全篇后，先让每个小组内部学生相互提示着背诵古诗，然后教师随机抽取每个小组的一名学生背诵，限时2分钟。教师根据其背诵的正确性、完整度和流畅性进行综合评分。在该环节胜出的小组获得一枚"古诗背诵王"徽章。

第三个任务：古诗理解。教师讲解古诗的意思，在讲解过程中让学生抢答问题，抢答并回答正确者获得一定的积分，在该环节得到积分最多的小组获得"古诗理解全能王"徽章。

最后，根据各个小组在三个任务中的累计积分，教师评出本节课的最佳小组，授予"《春晓》学习王"徽章。

将教学活动设计成一个游戏时，在信息化教学平台的支持下，教师记录学生的积分、徽章和排行榜，能提升教学活动的游戏性，主要体现在两个方面：一是记录学生游戏数据，通过平台展示能够激发学生的学习动机；二是在很多同学的意识当中，游戏应该是电子化的，或者至少是应该有一个软件支撑的。

在教学活动中，使用游戏和将教学活动设计成游戏，这两种游戏化教学方式是根据游戏元素的使用方式对游戏化教学法做的理论分类，在实际教学中我们也可将两种方式综合使用。只要根据教学内容在课堂中合理使用游戏或者引入游戏元素，就能够激发学生的学习积极性，让学生在愉快的学习体验中，加深对知识的理解，提升思考和动手能力。对游戏化教学的最终效果评估，不能仅仅按照学生是否提升了成绩作为评估依据，还要同时考虑学生学习动机的提升、课堂参与度的提高、高级思维能力的发展和情感态度与价值观的培养。

▶ 诗海拾贝　　　　　　　　　　　　　　　　　　●案例

> 案例基本信息

课程：人教版《语文》六年级上册综合性学习"轻叩诗歌的大门"。

教师：重庆市九龙坡区鹅公岩小学李靖。

来源：中国教育技术协会教育游戏专业委员会2016年年会案例。

> 教学目标及重难点

1. 教学目标

（1）通过活动，复习巩固已学的诗歌，加深积累和理解，培养学习古诗的兴趣。

（2）了解中国古代文学瑰宝，激发热爱祖国之情。

2. 教学重难点

在竞赛中增进学生对于诗歌知识的了解。

> 教学过程

"诗海拾贝"属于综合性学习"轻叩诗歌的大门"中的第一部分内容。这部分内容第一模块是"活动建议"，第二模块是"阅读材料"。"阅读材料"提供了《春夜喜雨》《西江月·夜行黄沙道中》《诗经·采薇》《天净沙·秋》《太阳的话》《白桦》六首诗，涉及的范围广，包括中国的古体诗、唐诗、宋词、元曲、现代诗和外国诗歌，学生可以从中获得关于诗歌的感性认识，激发其收集诗歌、鉴赏诗歌的兴趣。因此，在此基础上教师设计了"诗海拾贝"的知识竞赛，全方位考查学生在诗歌方面的知识，激发学生对诗歌的兴趣，进一步感受诗歌的魅力。教学过程如图2-12所示。

1. 激趣导入

（1）师：中华民族有着灿烂的文化，在文化的浩瀚海洋中，古诗词是其中一颗颗美丽的贝壳。入学至今我们学了不少古诗词，今天就让我们一起去诗海拾贝，再次领略它那独特的魅力。今天的综合性学习以竞赛的形式进行，分两个环节：

第一个环节是小组赛——"同舟共济扬帆起"，一起闯五关；

第二个环节是个人赛——"百舸争流我第一"，冲两关争第一。

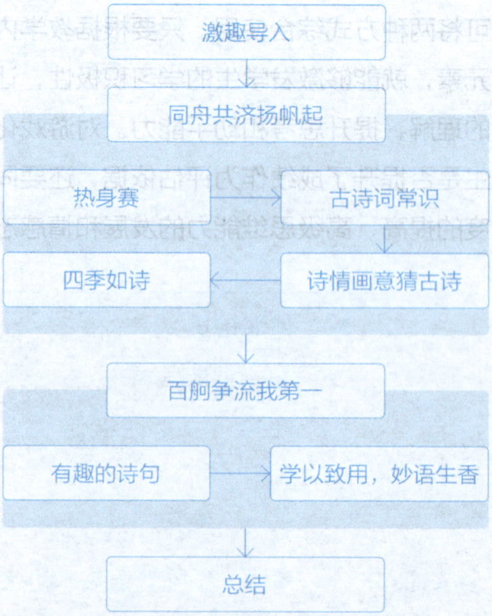

图2-12 "诗海拾贝"教学过程

（2）师：在开始竞赛前，我们先进行小组讨论，用一位诗人的名字为小组命名。

2. 第一环节——同舟共济扬帆起

（1）第一关：热身赛

小组背诵古诗词，要求：整齐、响亮。

第1组：《春夜喜雨》

第2组：《西江月·夜行黄沙道中》

第3组：《诗经·采薇》

第4组：《天净沙·秋》

（规则：完整背诵积两颗星。）

（2）第二关：古诗词常识

由抽签决定的代表回答问题，在回答不完整时，组内同学可以补充。

规则：抽签选出代表回答，答对加两颗星，组员补充答对加一颗星。

用课件出示考题，代表回答，教师打分，了解相关知识链接。

答不出来，看看答案吧！

① 我国最早的诗歌总集是_____，至今已有_____年的历史，共305篇，5篇有目无辞，亦称"诗三百"。它的"六义"是指：_____。

② 唐诗常指创作于唐代的诗。唐代是我国古典诗歌发展的全盛时期，涌现出许多伟大的诗人，"大李杜"是指_____、_____；"诗仙"是指_____；"诗圣"是指_____。

③ 宋词是继唐诗后的又一种文学体裁，它兼有文学与音乐两个方面的特点。每首词都有一个调名，叫作"词牌"，依调填词叫"依声"。《西江月·夜行黄沙道中》的词牌名是_____，词作者是_____。

④ 在我国诗歌发展史上被公认的三个黄金时期的文学样式分别是唐代的_____，宋代的_____和元代的_____。

（3）第三关：诗情画意猜古诗

古代诗歌常蕴含优美的意境。你能从下面的画面中猜出相关的古诗吗？各小组做好准备哦！

规则：小组轮流猜诗，答对加一颗星；派代表背古诗，答对可再加一颗星。

用课件分别出示《清明》《望庐山瀑布》《游子吟》《江雪》四首诗的图画，各组轮流猜古诗，教师打分。每背完一首诗，全班欣赏古诗视频。

（4）第四关：四季如诗

规则：在古诗中有不少表现四季景色的诗句，各小组在卡纸上写出描写四季景色的诗句，每正确写出一句可加一颗星。

3. 第二环节——百舸争流我第一

（1）第一关：有趣的诗句

出示含花名、地名、数量、颜色的诗句。

规则：每组抽签选三个人回答问题，每人回答一题，答对一题加一颗星，答错不扣星。

① 花名。

忽如一夜春风来，千树万树（　　）开。（岑参《白雪歌送武判官归京》）

春色满园关不住，一枝（　　）出墙来。（叶绍翁《游园不值》）

（　　）潭水深千尺，不及汪伦送我情。（李白《赠汪伦》）

② 地名。

（　　）瓜洲一水间，（　　）只隔数重山。（王安石《泊船瓜洲》）

不识（　　）真面目，只缘身在此山中。（苏轼《题西林壁》）

黄沙百战穿金甲，不破（　　）终不还。（王昌龄《从军行》）

③ 数量。

（　　）水护田将绿绕，（　　）山排闼送青来。（王安石《书湖阴先生壁》）

（　　）个黄鹂鸣翠柳，（　　）行白鹭上青天。（杜甫《绝句》）

（　　）畦春韭绿，（　　）里稻花香。（《杏帘在望》，出自曹雪芹《红楼梦》）

④ 颜色。

两个（　　）鹂鸣翠柳，一行（　　）鹭上（　　）天。（杜甫《绝句》）

一道残阳铺水中，半江瑟瑟半江（　　）。（白居易《暮江吟》）

日出江花（　　）胜火，春来江水（　　）如（　　）。（白居易《忆江南》）

（2）第二关：学以致用，妙语生香

师（过渡）：我们都说"学以致用""温故而知新"，现在大家读书、学习本领都是为了将来让自己能发挥作用。学古诗也不例外，长期积累、运用优秀古诗词，不仅可以让自己"腹有诗书气自华"，也可以使自己的文章更凝练、生动。

规则：每组选出两位代表到指定区域进行抢答，听到指令后举手抢答，答对加一颗星，答错扣一颗星。

① 老师的话语像春雨一样滋润了我的心田，使我不由得想起了杜甫的两句诗：_____，_____。

② 小明成天心思不在学习上，请你用学过的诗句劝他：_____，_____。

③ 有时候，有些人对自己正在做的事情反而不及旁人看得清楚，这就是人们常说的"当局者迷，旁观者清"。宋代词人苏轼在《题西林壁》中的诗句"_____，_____"说的就是这个朴素的道理。

④ 当我们在外地过节时，常引用王维的"_____，_____"来表达对家人的思念。

⑤ 现在人们常用《送杜少府之任蜀州》中的名句"_____，_____"来表达对远别好友的深情厚谊。

⑥ 来到瀑布脚下，仰望瀑布倾泻而下，我不禁想起李白的诗句：_____，_____。

⑦ 当我们浪费粮食时，爷爷经常用唐代李绅的诗句"_____，_____"来教育我们。

⑧ 昨晚有一道数学题，我绞尽脑汁，百思不得其解。就在我"_____"时，爸爸走过来，经他点拨，我豁然开朗，真是"_____"。

4. 总结

（1）统计星数，评选出第一名小组。

（2）第一名小组代表发表获奖感言。

（3）教师总结：我国的古诗词浩如烟海，就像繁花似锦的无边花园。我们今天谈古诗词，只是进了这座花园的大门，园里美景无限，整个小学阶段所学的古诗，也只不过是这"花园"的一角。同学们，我们要想对古诗有更多的了解，还需要更多的时间，下更大的功夫。《论诗》写道："江山代有才人出，各领风骚数百年。"努力吧，同学们，更好的诗歌也许会在你的笔下诞生！

● **案例点评**

教师将整节"诗海拾贝"诗词复习课进行了游戏化设计，使这节课成为一个闯关游戏。教师共设计了两个环节、六个关卡，第一个环节主要通过游戏让学生进行诗词记忆和常识记忆，第二个环节主要通过诗词的应用场景强化学生对诗词的理解。整节课有合作、有竞争、有积分机制、有激励机制，将诗词复习课变得活跃起来。案例有如下两个特点值得我们借鉴。

1. 游戏化进诗词课，创新诗词学习方法

传统的诗词背诵在学生早读时间进行，以往的复习课学生在教师逐个讲解题目中度过。在案例"诗海拾贝"中，教师一改传统的诗词复习课组织方式，将诗词的复习进行关卡设计，每个关卡分组竞争，充分调动了学生的参与积极性和复习热情。其设计巧妙之处在于，并非为游戏而游戏，而是让游戏化元素更好地为整堂游戏课服务，表现在：第一，突显诗词学习本身的乐趣，如在"有趣的诗句"关卡中，教师让学生回忆包含"花名""地名""数量""颜色"的诗句，感受诗句本身的趣味；第二，有目标、有层次的关卡设计，将对诗词的记诵拓展到对诗词常识的记忆，再从记忆到运用，不同分值的关卡辅助各关卡游戏活动开展；第三，合作和竞争服务于学习活动，每个学生都能参与小组合作和竞答。

2. 游戏化进复习课，让复习记忆有趣、高效

复习课能帮助学生系统地梳理知识，培养其发散思维的能力，在这节诗词复习课中，教师采用游戏化的组织方式，带领学生从"同舟共济"到"百舸争流"，对所学诗词及相关常识进行综合复习。这种游戏化的复习方式让学生对诗词所学记忆更加有趣和高效，体现在：第一，在"诗情画意猜古诗"关卡中，调动学生的视觉，将对诗词的记忆转变为形象记忆，记得更加高效；第二，游戏化元素的使用，不仅让学生在竞争、合作中情绪高涨，增强了这种情绪体验，而且在快乐学习中提高了学习效率。

本节课利用游戏竞赛的方式进行综合性教学，不仅让学生在轻松愉快的氛围中复习巩固已学的诗词，还让学生在游戏中积极展现自我、学会合作。这种在小组合作探究基础上展开的竞赛，既促使组与组之间对抗、质疑，又做到了"即时性评价"。评价是引领，久而久之，课堂自然会"活"和"火"起来。这样一来，学生思考的时间多了，参与课堂的机会多了，自己发现和解决的问题多了，收获当然也多了。当然，这节课还有许多不足，最大的遗憾是，对于古诗词散发出的浓浓语文味有所忽略，学生的朗诵比较平淡，缺少诗词歌赋特有的韵味。这提醒教师在今后的教学中，要侧重对学生的朗诵指导。另外，本节课还可以穿插一些非竞赛的表演环节，针对某一两个古诗词重点，让学生唱出来、读出来、悟出来，以领会这些古诗词的原汁原味。

第三节　如何为教学活动选择游戏

如何选择合适的游戏是保证教学实施效果的关键，也是教学设计、教案编写中的重要一环。

一、选择教育游戏的标准

在一线教学中，可以应用于教学活动的教育游戏包括电子类教育游戏和传统类教育游戏，这里我们主要介绍电子类教育游戏的选择标准，以帮助教师们更加科学、精准地判断一门电子游戏是否适用于课堂教学。一般地，选择电子类教育游戏从游戏性、教育性和技术性三个维度考虑。[①]

① 范云欢，崔金英.网络教育游戏评价量规的开发与应用研究[J].中国教育信息化，2008（6）：10-12.

第一，游戏性。电子类教育游戏的游戏性是激发学生学习动机的重要支撑。游戏性缺失或者过多都将影响游戏的教育功能或者教育价值的实现。特别是当前很多打着教育游戏幌子，其实毫无游戏性可言的教育软件，对于学生的学习积极性不但没有促进作用，反而会让学生产生厌烦情绪。优秀的电子教育游戏有如下特征。

（1）游戏情境设置完整且符合学生的心理发展特点和兴趣点，比如，对于一年级学生而言，设置动物冒险的故事情境比较合适，但对于五年级的学生而言，设置英雄拯救的游戏情境才更有吸引力。

（2）游戏设计富有艺术性，美观生动的游戏角色、精美的游戏画面、符合人性的交互、优美的背景音乐是电子游戏能够吸引学生的重要因素。学生在设计精美的游戏中，审美也能够获得发展。

（3）游戏加入了适合学生心理特点的竞争性和协作性元素。随着年级的升高，学生对于游戏竞争性的要求越来越高。所以，小学低年级适合选择弱竞争性同时对协作性要求不高的游戏；而到了小学中高年级，应该选择竞争性、协作性稍强而且能够彰显胜利荣誉的游戏。

（4）有合理的挑战性和激励反馈制度。根据维果茨基的观点，"最近发展区"是学生学习发生的最佳状态，游戏的难度应该略高于学生当前的能力水平，但不宜太难，游戏太难会打击学生的积极性，游戏太简单又无法持续吸引学生。一般的电子类教育游戏都设置了不同难度的关卡，在实际教学中师生可以根据需要从不同的游戏关卡开始游戏。

第二，教育性。教育性是电子类教育游戏区别于普通的电子游戏的显著特点。有学者将知识分为陈述性知识、程序性知识、概念性知识、规则性知识、流程性知识、软技能和情感态度和动作技能,一款好的电子游戏往往包含了多种类型的知识。但在通常情况下,电子游戏为了增强游戏性会对事实进行一些改造,比如,在历史策略类游戏《三国群英传》中,游戏以三国历史为背景展开,玩家会经历"桃园三结义""三英战吕布""赵子龙单骑救主""诸葛亮七擒孟获"等家喻户晓的历史传奇故事。但是为了增强游戏性,《三国群英传》融入了大量跟历史不符的武器设备和人物形象,会误导学生对历史的认知。所以,在选择游戏时,要选择知识客观符合事实的游戏,如果存在不科学的知识点,教师要及时指出来。

你玩过《三国群英传》吗?

游戏的教育性应符合学生的发展特征,不同年龄段的学生对知识内容和学习的层次需求不同。在很多情况下,电子类教育游戏包含的知识内容很丰富,但是可能并不完全符合当前年龄段学生的知识要求。所以教师在选择时,还应该从学生认知水平、教学目标和游戏内容的匹配度进行判断。此外,好的教育游戏还要能够提升学生的信息素养,综合培养学生的语言、数理逻辑、空间、身体运动、音乐、人际、内省、自然探索和创造力等素养。

第三,技术性。教师需要考虑游戏的应用平台限制,是否符合当前的教学条件:有些游戏仅有安卓或者iOS版本,那么游戏只能在有PAD设备的教学环境中使用;有的游戏是网络游戏,需要教室有网络接入。

对于有条件自己开发或者找服务商开发教育游戏的学校和教师,要综合考量游戏开发的周期、维护成本和使用难度。

在我们看来,教育游戏的选择有标准,在评价一款电子游戏是否是一款好的教育游戏时,需要综合考虑游戏性、教育性、技术性和教学内容、学生特征等多个因素。好玩、制作精美以及符合实际的教学内容、学生特征和教学环境的电子游戏才是好的教育游戏。

二、不同教学环节选择游戏的原则

根据教学环节的不同,我们可以将游戏分为激发学生动机的热身游戏、深化课程内容的模拟游戏、辅助学生理解课程内容的体验游戏以及巩固知识的练习游戏。作为不同教学工具的游戏,其选择又有一定的特殊性。

第一类,热身游戏需要能够满足调动课堂气氛,达到活跃学生身体和思维的目的,比如,数学课使用的"数青蛙"、语文课使用的"成语接龙"等,这类游戏的选择要遵循以下几个原则。

(1)热身游戏要与教学内容相关。教师要选择能够和本节课教学内容或者上一节课教学内容相关的游戏。

(2)热身游戏重在活跃思维,使学生思维"热身"才是关键。热身游戏要注意让学生集中注意力。

(3)注意控制游戏的复杂程度,尽量规则简单,学生易理解,整个游戏时间要控制在5分钟以内。

第二类，模拟游戏是帮助学生通过实际操作来理解抽象知识的，如小学科学课"光的反射"活动融入《光线反射》游戏，这类游戏的选择要遵循以下原则。

（1）明确模拟游戏的教学目标是让学生更好地理解教学内容。模拟不是简单的情境还原和再现。

（2）重视学生的表达、实际操作和参与。模拟游戏的参与主体应该是学生，教师可以作为指导者或者参与者，但不能喧宾夺主。

（3）模拟游戏要充分直观地体现所要表达的知识内容。模拟游戏尽量不要在学生直观获得的内容和教学目标之间再有转换，最好的形式就是要学会什么就模拟什么。

第三类，体验游戏是辅助学生理解教学内容的。如在《难忘的八个字》教学中，教师使用了类似传话游戏的"耳语测验"体验游戏。这类游戏和模拟游戏的目的相近，都是希望学生通过参与，更好地理解知识，培养其人文精神、科学精神。游戏的选择要遵循的原则和模拟游戏基本相同，需要特别注意的是，选择的体验游戏要能够体现学生的现实感受和教学内容之间的冲突。比如，在"耳语测验"游戏中让学生捂住耳朵小声传话，就是让学生体验只有一只耳朵能够听到声音时的感觉。

第四类，练习游戏在教学中比较常用，选择也比较灵活。例如，在讲解"对称"时，教师可以选择照镜子的游戏供学生练习使用。游戏的选择要遵循如下原则。

（1）注意趣味和知识巩固之间的平衡，太强的游戏性会干扰学生的学习行为，过度的重复会降低游戏的吸引力，适度的重复才是巩固知识的良策。

（2）游戏要注意分级，以满足不同学习水平的学生的个性化需求。游戏需要有比较明确的从易到难的关卡设计。

在实际教学中，教师需要不断培养自身选择、运用游戏的能力。首先，教师需要有意识地在教学过程使用游戏化教学，有意识地将游戏融入教学环节中；其次，教师需要掌握游戏和教学的平衡，游戏性太强可能会干扰学生的学习进程，游戏性太差学生又不能提起兴趣；再次，搜索合适的游戏的能力是教师必备的信息素养；最后，教师选择游戏需要从教学目标、学生特征、教学环境条件、教学时长等多个因素综合分析游戏的适宜性。

三、游戏资源推荐

表3-1是适合不同学段、不同学科的游戏资源介绍。

表 3-1
游戏资源推荐表

1

名称：让妈妈放心的游戏（*Mamagame*）

标签：各学段、各学科

简介：这是北京大学教育游戏研究组根据多年研究积累，按照年龄段和学科推荐的大量教育游戏的平台

2

名称：基数努力（*The Radix Endeavor*）

标签：STEM、多人在线游戏

简介：这是由麻省理工学院为中学 STEM 学习（科学、技术、工程与数学）开发设计的大规模多人在线游戏。该游戏提供了支持中学的数学和生物学习的 2D 或 3D 沉浸式虚拟学习环境，学生可扮演角色或是找到一个化身，可以与环境和其他角色发生互动

3

名称：神话岛（*Poptropica*）

标签：角色扮演、冒险、应变能力

简介：这是一款针对 6 岁至 15 岁儿童的在线角色扮演探险游戏，设计了 40 个有趣的岛屿冒险任务，可锻炼孩子接受挑战的勇气、应变能力。该游戏提供个性化角色设计，玩家在每个岛上与其他玩家交流时，根据提供的线索和工具完成岛屿任务，感受故事情节发展

4

名称：快乐的大脑（*Funbrain*）

标签：益智、数学、单词、拼图

简介：这是免费的在线教育游戏网站，它为一至八年级学生提供 100 多个有趣的小游戏，主要涵盖数学小游戏、单词游戏、拼图游戏、益智游戏，帮助学生巩固课堂已学知识，获得新知，提高问题解决能力

5

名称：初级游戏（*Primary Games*）

标签：在线游戏俱乐部、小游戏

简介：该游戏提供 1 000 多个小游戏并且持续更新。游戏涵盖数学语言、科学等领域，比如动作游戏、卡牌游戏、拼图、竞速、模拟游戏

6

名称：雪柏软件（*Sheppard Software*）

标签：各年龄段、在线教育

简介：这个软件提供上百个免费的在线教育游戏，有针对学前儿童的数字、色彩、形状、字母、认识动物游戏等；有针对小学阶段的语法游戏、地理、历史游戏等；有针对中学阶段的化学、数学、科学、词汇游戏等；有针对大学阶段的地理、益智游戏；还有针对成人的趣味小游戏

7

名称：血型游戏（*The Blood Typing Game*）

标签：血型知识

简介：这是一款学习人类血型知识的教育游戏。该游戏基于1930年诺贝尔医学奖设计，目的在于让人学习血型的基本常识，理解血型对人的重要性，在快乐和挑战中学习血型知识

8

名称：ABC呀（*ABCYa.com*）

标签：多类别、多年级

简介：这是面向学龄前儿童到5年级学生的教育游戏网站，游戏类别包括字母游戏、数学游戏、战略游戏、技能训练游戏、娱乐游戏，选择年级便可享受免费的小游戏体验

9

名称：物理游戏（*Physics Games*）

标签：在线小游戏、物理

简介：这是在线学习物理小游戏的网站，让学生在玩游戏中学习物理常识，有拆卸、建筑、重力学、抛掷等类别，体现重力、引力、加速度、反作用力等物理特性

10

名称：叠叠乐（*Foldit*）

标签：蛋白质、众包、科学

简介：这是一款关于3D蛋白质折叠的电子游戏，结合了众包与分布式计算的思想。根据游戏的提示了解蛋白质的性质，玩家可以不断转换视角调整蛋白质形状。每完成一个关卡的任务就能得到奖励，让科学的学习充满乐趣和自信

11

名称：极客站记（Code Combat）

标签：编程

简介：这是一款角色扮演的在线游戏化编程网站，用户可以在探险闯关中学习编程语言

12

名称：小机器人大冒险（Ludwig）

标签：动作类、冒险、物理、工程学、全球公民意识、高中以上

简介：玩家必须帮助游戏中的小机器人修复飞船。为此，玩家得掌握基本的物理概念，并了解怎样从火、水、风、太阳中提取能量。随着游戏的深入，玩家将获得新的科技技能，用于升级机器人外形，玩家也将拥有新工具，了解关于可再生能源的物理、化学知识

13

名称：知识探索（Knowledge Quest）

标签：动作冒险、11—16岁

简介：在这个冒险风格的游戏中，玩家沉浸在虚拟世界里，打败怪兽、解锁密码，最终英语获得进步。在任务完成后，玩家可以赚取经验值，解锁新的装备和技能，赢得奖杯。游戏帮助学生掌握关键的英语技能，包括语法、拼写、标点、词汇和阅读理解等

14

名称：聚焦科学（ABC Zoom）

标签：科学、11—16岁

简介：这是一款发生在遥远太空中的科学游戏。北极星号宇宙飞船遭到攻击，船长陷入危险，要想全面修复飞船，只能从分子或细胞级别入手。玩家的任务是：运用自己在飞船上找到的显微镜工具，将物体放大到能看到极其微小的原子级别，然后救出船长和她的飞船。这种工具可以将玩家遇到的工具或生物放大十亿倍！你可以放大一颗眼球、一个大脑，看到能量、分子和电荷，发现它们运行的奥秘。这款游戏聚焦于科学，运用互动而有趣的方式，帮助玩家看到肉眼看不到的东西，从而理解科学中那些难以理解的概念

15

名称：涂鸦冒险家（*Scribblenauts*）

标签：解谜、阅读、词汇、拼写、英语

简介：这款游戏能够辨识两万多个名词和一万多个形容词。游戏着重加强词汇联系的功能，玩家只要输入物体和角色的名字，就可以召唤它们。例如，玩家可以召唤"梯子"爬树，召唤"弹弓"击落树上的东西

16

名称：抵达太阳（*Reach for the Sun*）

标签：模拟、生物、中小学

简介：这款游戏以游戏的方式模拟光合作用中不同的阶段。在这个游戏中，玩家需要运用光合作用的原理，调整淀粉、养料和水，帮助小花的幼苗成长，并在冬天前收获尽可能多的种子

17

名称：习惯（*Habitica*）

标签：习惯养成

简介：这是一款免费的习惯养成游戏，游戏中的奖惩措施能激励玩家完成任务。强大的互动社区能给玩家提供好的建议。该游戏对拖延症和懒惰症患者有极好的治疗效果

18

名称：算数比拼（*The Number Race*）

标签：数学、脑科学、4—8岁

简介：这款游戏是基于脑科学专家在数学学习研究中提出的三重编码模型设计开发的，是脑科学成果转化为教育游戏的经典数学游戏，主要用于帮助学生提高数感，解决计算障碍。游戏任务主要包括比较宝藏数量，让游戏主人公在数轴上移动，数字比较，加减运算等

第四节　如何将教学活动游戏化

在现实中，我们发现并非所有的教学活动都能够找到合适的游戏。当无法为教学活动找到合适的教育游戏时，教师可以使用积分、徽章、排行榜等元素将教学活动设计成一个游戏。

一、如何进行游戏化

多人在线游戏的先驱理查德·巴特尔率先提出"游戏化"这一概念，他的原意是"把不是游戏的东西（或工作）变成游戏"。[1]

将学习活动设计成一个游戏，类似于建造一座房子，教师需要了解三个层面的元素：中级概念，如框架、管道、蓝图；高级的抽象概念，如结构工程、美学，这些都是房子建造中不可缺少的元素；小规模的组件，如锤子、钉子以及尺子。在游戏化中，这三个层面的元素，分别是游戏化的动力、游戏化的机制和游戏化的组件。

[1] 韦巴赫，亨特.游戏化思维：改变未来商业的新力量[M].周逵，王晓丹，译.杭州：浙江人民出版社，2014：15.

二、游戏化的动力

动力元素是游戏化设计中教师需要考虑和处理的宏大概念，但它们不能被直接应用到游戏中，游戏化的动力包括如下五项。

（1）约束：限制或者强制的平衡。
（2）情感：好奇心、竞争力、挫折、幸福感。
（3）叙事：对一致、持续的故事情节的讲述。
（4）进展：玩家成长或者发展过程。
（5）关系：在社会互动中产生的友情、地位、利他等感情。

三、游戏化的机制

机制是推动游戏进程和学生参与的基本元素。有十种已明确的重要游戏机制。

（1）挑战：需要花力气解决的任务。
（2）机会：随机性的元素。
（3）竞争：一个玩家或一组玩家取胜，而其他人或组失败。

（4）合作：玩家为了实现共同的目标而努力。
（5）反馈：玩家表现得如何的信息。
（6）资源获取：获得有用或值得收藏的物品。
（7）奖励：因一些行动或成就而获得的福利。
（8）交易：玩家之间直接或者通过中介进行的交易。
（9）回合：不同的玩家轮番参与。
（10）状态：一个或一组玩家胜出、平局或者失败的状态。

游戏化的机制元素和一个或者多个动力元素对应实现。游戏中一个随机出现的事件（机会），可能会激起参与者的好奇心和兴趣（情感）。例如，你进入支付宝页面时，随机出现的红包可能会让你大呼过瘾。

四、组件

组件是动力和机制的具体形式，下面列举了十五个重要的组件。

（1）成就：既定目标。
（2）头像：可视化的用户形象。
（3）徽章：可视化的成就标识。
（4）打怪：尤其在一定等级的、残酷的生存挑战中。
（5）收集：收集和积累成套的徽章。
（6）战斗：短期的战役。
（7）内容解锁：只有当玩家达到目标时才能显示的内容。
（8）赠予：与他人共享资源的机会。
（9）排行榜：视觉化显示玩家的进展和成就。
（10）等级：用户在游戏进程中获得的阶段性的发展标识。
（11）点数：游戏进展的数值标识。
（12）任务：预设挑战，与目标和奖励相关。
（13）社交图谱：表示玩家在游戏中的社交网络。
（14）团队：为了一个共同的目标在一起工作的玩家组。
（15）虚拟商品：游戏潜在的价值或与金钱等价的价值。

每一个组件就是一个具体的游戏元素，是我们最终进行游戏化的工具。根据教学目标、教学内容和学习者特征，以及教学环境因素，教师综合使用这些游戏化工具，就能够让一个学习活动变成游戏。

五、将教学活动设计成游戏的工具

将教学活动游戏化，可以使用的工具有很多，这里我们介绍在国际游戏化中，最通常使用的三大工具——点数（point）、徽章（badge）、排行榜（list），合称PBL。

（一）点数

点数，通常以积分形式呈现，可以用来激励学生完成某些任务。点数的主要作用有以下几种。

（1）有效记分。这是点数在游戏化中最典型的功能，点数能够告诉学生他们在教学活动中完成得有多好，赢得100分的学生显然比仅得到90分的学生做得好。不同的积分明确显示了自己在学习活动中的成就。这种简单、明确的成就显示方式，能够极大地激发学生的学习积极性。同时，积分也能够帮助教师确定学生的比赛状态，比如，在课堂上几组同学竞争，得分最高者就是胜利者。

（2）在游戏进程和奖励之间构建联系。不少班级实行的小红花奖励制度，是一种外在的奖励制度。将课堂游戏化，同样可以以点数为纽带，将学生在学习活动中的表现和实际的奖励联系起来。比如，根据学生在游戏中获得的点数，教师可以把学生分成不同的级别，针对不同的等级给予不同的学习奖励，同时也给予不同的学习指导。

（3）提供反馈。明确而频繁的反馈是游戏化的一个关键要素，点数能够快速、简单地实现这一点。比如，在抢答游戏中，学生答对一道题目就获得一定的点数。点数给学生最明确的反馈，告诉学生他们做得很好，正在进步。

我们可以看到，点数是鼓励竞争的有效方式，是持续反馈的有效方式，是让学生获得掌控感和成就感的有效方式。

（二）徽章

徽章是点数的集合，是对学生阶段性成就的一种视觉化的显示和鼓励方式。徽章的主要作用有如下三个方面。

（1）可以为学生提供努力的目标方向。这将对激发学生的学习积极性产生促进作用。

（2）可以为学生提供一种指示，让学生对小组产生一种归属感。不同小组通过努力获得徽章，还能够提升小组成员之间的认同感。

（3）让学生产生沉浸感。徽章为学生提供了想象空间，一个徽章可能就是一个游戏化背景中的重要元素。

徽章是一个十分灵活的工具，教师可以为每一个核心的教学目标设计一个徽章，以明确地引导学生向这个教学目标努力。

（三）排行榜

在游戏化系统的三大工具中，最难运用的就是排行榜了。一方面，处在游戏中的学生通常想知道相比较其他同学，自己达到了何种水平；另一方面，排行榜也会削弱学生的学习积极性，如果看到自己与其他同学还有很大的差距，不少学生可能会选择放弃。所以，为了在游戏化中发挥排行榜的重要作用，同时避免排行榜的消极影响，在课堂的整体游戏化设计中，排行榜可以有以下三种使用策略。

1. 建立不同维度的排行榜，在不同维度上对学生的学习成果进行追踪。

2. 排行榜仅显示前面的学生，后面的同学统一排在一个位置。比如，在个体的学习活动中，根据学生的积分仅排出前10名，其他的同学不再进行排名。

3. 设置不同周期的排行榜，可以有一节课的排行榜，也可以设置长达一周的排行榜，让学生们坚信只要自己努力，一定能够看到进步。

在游戏化设计中，PBL极富价值，国际上的许多游戏化产品都将这三大工具作为游戏化的标准特征，因此使用PBL实现教学活动的游戏化是十分有效的。

第五节  如何开发一款教育游戏

游戏的开发

大部分教师都有玩游戏的经历，但有开发游戏经历的教师肯定是凤毛麟角的。人们普遍认为，游戏的开发需要强大的技术能力，需要长期的投入。但随着一些拖拽式游戏开发工具的出现，游戏的开发变得不那么神秘，只要有好的游戏创意，有明确的教学目标，任何一名教师都可以做出一款优质的教育游戏。

经过前面的学习，你是不是已经有一种要亲手制作一款游戏的冲动了呢？看到一些熟悉的游戏画面，你是不是已经回到那些快乐的时光中去了呢？这一节就让我们来聊聊游戏开发的话题。

一、游戏开发入门

精美的游戏不仅有优质的画面、炫酷的战斗系统，而且还有智能的"敌人"、令人感动的剧情，这一切都是怎么开发出来的呢？常规的游戏制作过程，一般分为游戏策划、游戏设计、游戏研发三个阶段，这三个阶段都需要特定领域的工作技能，分别由策划师、设计师和程序员完成。但是拥有这些特定的工作技能并不能保证开发出好的游戏。可能你不懂编程，也不会画画，但在计算机技术相当普及的今天，这些都不会成为你开发游戏的拦路虎。

想要开发一款大家都喜欢的游戏，第一步，也是最重要的一步，是要提出一个好的游戏创意，以此带给玩家快乐或者帮助玩家解决某个问题。

事实上，很多著名的游戏都是从一个看上去很简单的创意开始的。

"一个黄色的生物在被鬼追赶的时候吃掉了豆子。"

"管道工跳起来采蘑菇,只为了找到他的女朋友。"

"王子靠把垃圾球越滚越大来重建星球。"

以上几个看上去甚至有点可笑的创意最后都发展成了非常著名的游戏。

第二步,确定目标受众。常见的游戏目标受众的分类方法以年龄、性别为因素。按照年龄的分类,最常见的就是把玩家分为九类:0—3岁婴幼儿、3—6岁学龄前儿童、6—9岁儿童、9—13岁过渡期的少年、13—18岁少年、18—24岁青少年、24—34岁青壮年、34—60岁中年、60岁以上的老年。在年龄的基础上,设计者可以再根据玩家的性别来设计游戏元素。男性往往更喜欢征服、竞争、破坏、空间谜题、尝试和失败类型的游戏;而女性更喜欢情感、真实世界、照料、对话和字谜、照实例学习的题材类游戏。

第三步,设计游戏的核心玩法及运行平台。这一步非常关键,设计者需要决定玩家是如何进行操作的,游戏的类型是什么,游戏的各个阶段分别是怎样的。面对这些问题,最好的办法就是根据第一步构思的游戏创意,从已有的游戏类型中,选择最适合你的游戏类型。不同的游戏类型体现的主题不同,自然其核心玩法也就不同。在实际的操作中,设计者最好选择三款近期名气较大的、成功的同类型产品进行分析参考。例如,你有一个非常感人的故事需要玩家通过操作来感受,那就参考角色扮演类游戏类型,把叙述故事作为游戏的重点,列出故事主线、分支剧情、触发点等。在确定游戏类型的基础上,设计者要同时选择合适的开发平台。最简单的文字叙述类游戏,可以选择"橙光文字游戏制作工具"来开发,走个流程的可以选择RPG Maker来开发,各类常见的小游戏可以选择GameSalad来开发,一般的2D手游可以用Cocos2D,中型的3D游戏可以用Unity 3D来开发等。这里需要强调的是,选择游戏制作平台时,要根据某个游戏去挑选合适的工具,而不是让游戏适应平台。这里提到的很多工具,都具备图形化的编程模块,非常适合非专业的游戏开发者使用。当然,具备一定的编程基础能让开发的效率大大提升。

第四步,设计角色和操作。在核心玩法的基础上,设计者需要创造一个虚拟的角色来完成任务。设计者需要确定玩家如何操作角色,并让角色经历怎么样的历程,最终实现其目标。例如,角色是通过驾驶、射击或者奔跑的方式来完成任务的吗?中途玩家是否可以更换角色?是的话,这几个角色之间又有什么不同呢?角色的设计,需要设计者来完成,期间也会用到Photoshop、3DMax等创作工具,用这些工具创作的2D、3D素材,最终都会导入游戏引擎,进行逻辑的编写。

如果是角色扮演类游戏的角色,设计者就需要把人物分解为各种属性和数据,如种族、力量、灵敏度、智力、生命值、技能等。

而角色的属性需要更多的数据和触发条件来赋予,例如《吃豆人》中的幽灵的所有属性就需要事先仔细地设定好所有的可能性,并清楚地罗列出

> 试试看:
> 赶紧找出一张纸和一支笔,把你脑海中灵光一闪的想法或者你在课堂上需要解决的问题写下来吧,或许这就能成为一个伟大的游戏作品!

来（图2-13）。

第五步，设计游戏空间，让角色在虚拟世界里行动起来。根据引擎开发技术的特征，游戏角色被置于一维、二维等空间中。比较常见的一维空间的游戏是《大富翁》，玩家在循环的一维空间中通过骰子前进，并触发相应事件。二维空间采用六边形的填充原理，赋予特定格子地形、前进步数等属性。

通过上述五个步骤——提出好的游戏创意、确定目标受众、设计游戏的核心玩法及运行平台、设计角色和操作、设计游戏空间，我们就可以得到游戏原型了。在原型的基础上，毫无经验的开发者也可以通过自学美术设计、程序设计，来实现自己的想法。当然，如果你身边有类似的小伙伴，组建一个游戏开发小组，将是一个更好的选择。

二、常用电子类教育游戏开发工具

对于有兴趣和能力自己开发电子类教育游戏的教师，我们主要介绍几种简单易操作的开发工具，重点说明这些工具适用于开发哪种类型的游戏。

1. RPG Maker

RPG Maker是一款可视化的游戏开发工具，通过拖、移即可完成游戏设置，该工具内置了大量的情境和画面，能够让没有任何经验的操作者制作出一款精良的游戏。

PRG Maker因为能够制作出完整的故事，所以适用于开发模拟游戏和体验游戏。

2. PowerPoint

PowerPoint是我们在日常办公和教学中经常使用的工具之一，其实使用这样一个简单的工具就可以制作出一款足以满足教学需求的游戏。

PowerPoint比较适合制作即时反馈的游戏，适用于制作练习游戏。

3. Unity 3D

Unity 3D是由Unity Technologies开发的一个让玩家轻松创建诸如三维视频游戏、建筑可视化、实时三维动画等互动内容的多平台的综合型游戏开发工具，是一个全面整合的专业游戏引擎。其编辑器运行在Windows和Mac OS X下，可发布游戏至Windows、Mac、Wii、iPhone、WebGL（需要HTML5）、

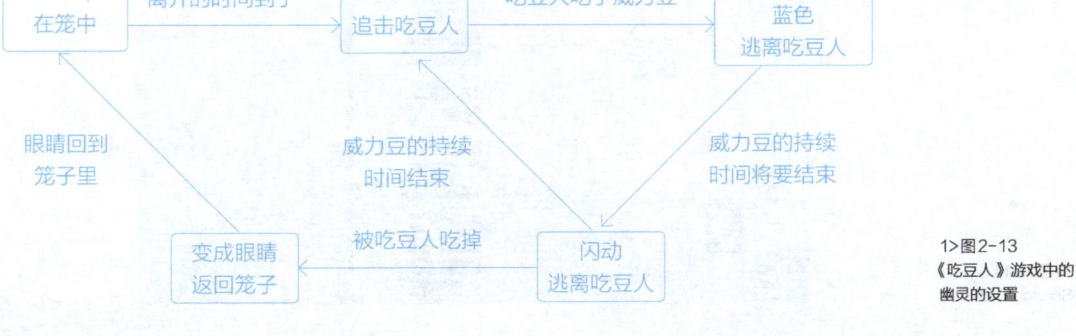

1>图2-13
《吃豆人》游戏中的幽灵的设置

Windows phone 8和Android平台；也可以利用Unity web player插件发布网页游戏，该插件支持Mac和Windows的网页浏览。它的网页播放器也可被Mac widgets支持。

Unity 3D是一款专业的游戏开发工具，目前大量的商业游戏都是使用该工具开发的，这款软件对于技术有较高的要求，适合有编程经验的教师使用。

4. Scratch

Scratch是麻省理工学院开发的一款在世界上得到较为广泛应用的面向儿童和青少年的编程教学工具，也是一款十分简单容易上手的游戏开发工具，它内置了一定的角色和情境画面。操作者在开发的过程中，也能学习到一些编程思想。

Scratch能够用来开发模拟游戏和体验游戏，同时Scratch本身也可以作为教学工具用于游戏化教学，让学生自己在开发游戏的过程中学习编程思想，提升创造性思维。

5. Kodu

Kodu是一款可视化游戏编程工具，与Scratch类似，游戏开发者在游戏开发的过程中能够学习编程思想。所以，Kodu既可以作为教师开发电子类教育游戏的工具，也能作为教学工具应用于教学中。

▶ **Scratch游戏开发简明手册**　　　　　　　　　　●案例

> **Scratch特点**

本案例主要通过《小猫跳舞》游戏来认识Scratch这款软件，建议大家配合微课学习本部分内容。这个软件的特点是：构成程序的命令和参数是通过积木形状的模块（图2-14）来呈现的，设计者用鼠标拖动模块到程序编辑栏就可以开发游戏。Scratch 2既支持在线编辑，也支持离线使用。

> **认识Scratch**

○ 游戏构成：角色、舞台、脚本、素材。

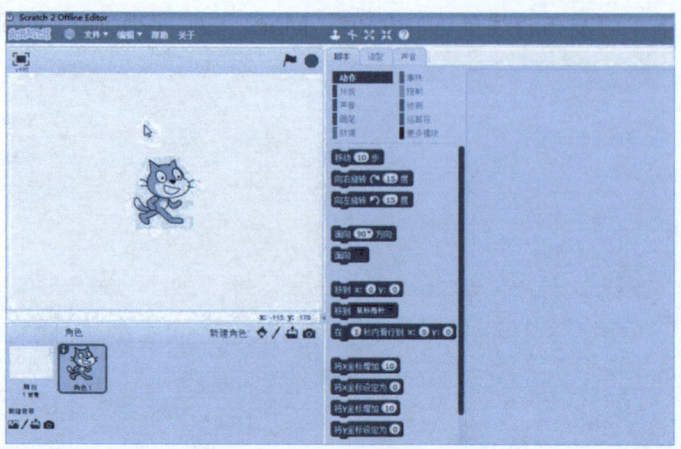

1 > 图2-14
Scratch界面

○ 使用帮助：更换素材、增加角色、更改背景、更改声音素材、编写脚本、调试游戏。

○ 脚本模块：动作、声音、外观、控制、事件、画笔、侦测、数据、运算符等。

1. Scratch 的帮助

如图 2-15 所示，在窗口的右侧，点❷后可看到帮助板块。帮助板块有 3 个标签，第 1 个标签提供了一系列样例，教师可以跟着样例说明一步一步地模仿着进行游戏制作。第 2 个标签是一些游戏制作的小技巧说明。第 3 个标签介绍了 Scratch 脚本的各个板块，如动作、外观、声音等，每个介绍都包含一些示例。

本文中的游戏《小猫跳舞》就是以帮助中的第一个游戏样例为基础来进行制作的。

2. 背景、角色

如图 2-16 所示，点演示区域下方的舞台，可以给舞台选择新的背景，点击图片的图标可以从 Scratch 自带的素材库中选择背景图片，也可以点上传图标，从本地上传图片作为游戏的背景。

在舞台右侧的角色区域，点角色图标可从 Scratch 自带的素材库中选择图片作为新的角色，当然也可以点上传图标，上传本地图片作为新的角色。

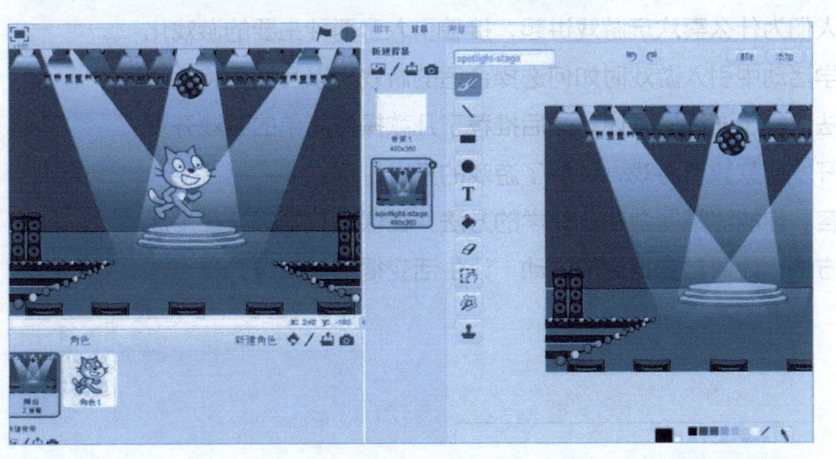

1>图 2-15
Scratch 帮助界面
2>图 2-16
Scratch 角色和背景添加界面

3. 脚本编写与调试

如图2-17所示,最左边为效果演示区域,下方是角色和舞台的编辑区域。效果演示区右侧是游戏素材区域,包括脚本、造型、声音。游戏素材区域右侧是脚本编辑区域,可以用鼠标从游戏素材的脚本选项卡中,拖动脚本到脚本编辑区域,点击脚本编辑区域的脚本,可在效果演示区看到脚本执行的效果。

4. 事件、外观、控制、动作、声音

如图2-18中的脚本所示,事件类脚本用到了两类:一是"当▶被点击";二是"当按下空格键"。外观类脚本用到了两类:一是"说'看我跳舞吧!'2秒"。二是"将颜色特效增加25"。控制类脚本用到了"重复执行5次"。动作类脚本用到了"移动10步""移动-10步"。声音类脚本用到了"弹奏鼓声0.25拍"。

脚本块中的白色矩形框、椭圆框、下拉框可自行改动数字或选择,实现不同程度的效果。

5. 画笔、侦测

图2-19为Scratch编辑调试界面。其中,画笔类脚本是绿色脚本块,侦测类脚本是浅蓝色部分。画笔类脚本包含清空和图章:清空是消除所有画笔所产生的效果,图章是将每个动作的轨迹以图形方式呈现出来。在侦测类脚本中,程序会侦测气球是否在移动过程中碰到了小猫。

我们已经介绍了Scratch以及开发方法,下面到你小试牛刀的时刻啦!请你扫描二维码,体验一款教育游戏《照镜子》。随后使用Scratch开发出这款游戏。如果遇到困难,可以参考二维码中的资源,该资源是开发过程的录屏,是不是感觉有很多锦囊在手?赶快试试看吧!

照镜子

● **本章小结**

本章内容首先从人们为什么喜欢玩游戏讲起,接着引入了两种主要的游戏化教学法,然后对在教学活动中引入游戏时如何选择合适的游戏,以及如何将教学活动设计成游戏的方法进行了详细的阐述,最后推荐了几款操作简单的游戏开发工具,还介绍了如何开发一款教育游戏,讲解了游戏的开发过程。

希望通过本章内容,你能够掌握游戏化教学的方法,在课堂教学甚至在生活中能够积极使用这些方法,让课堂变得更加生动,让生活变得更加有趣。

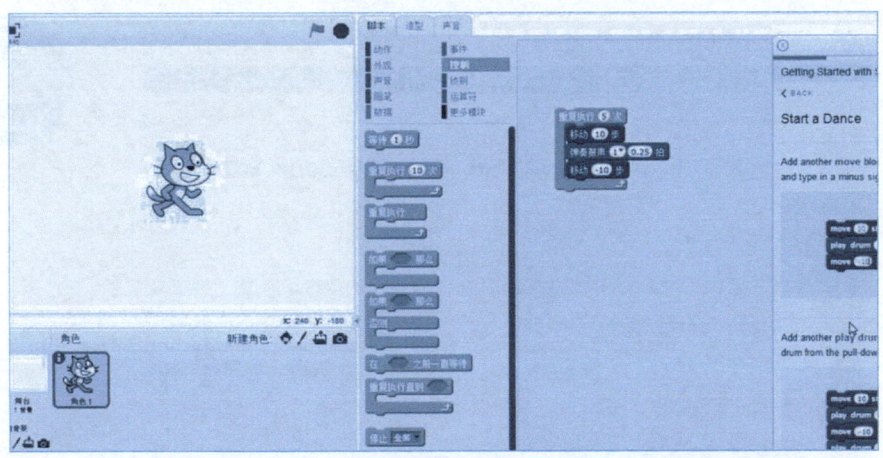

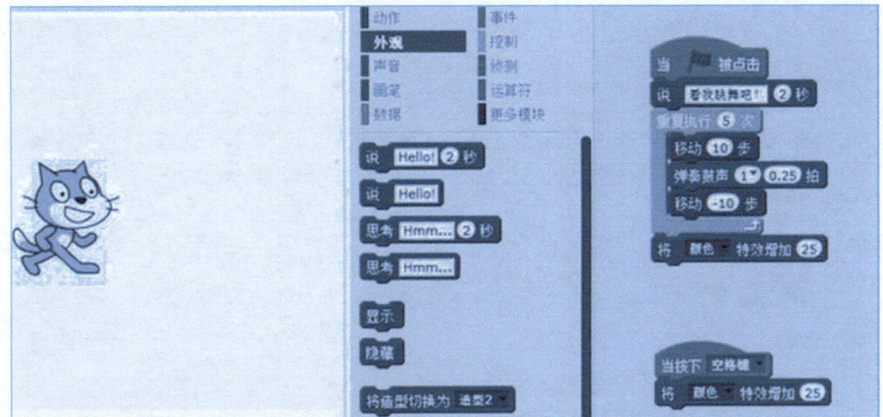

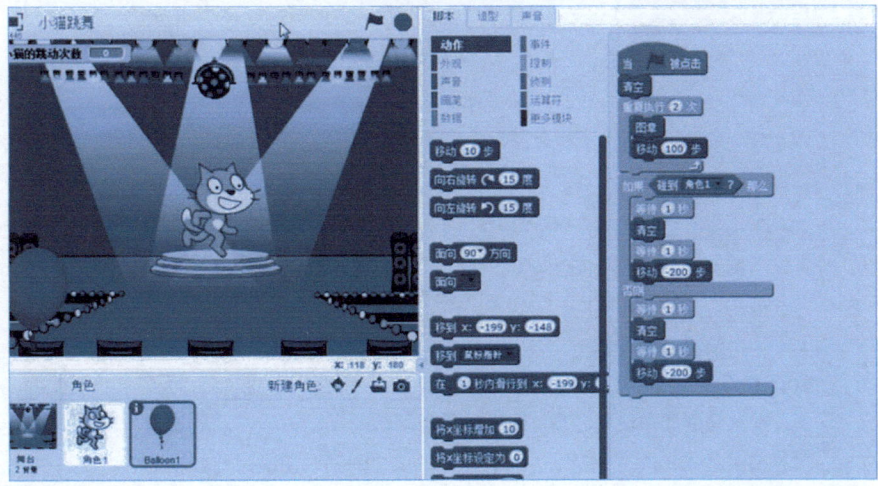

1> 图2-17
Scratch 脚本编写界面示例1
2> 图2-18
Scratch 脚本编辑界面示例2
3> 图2-19
Scratch 编辑调试界面示例3

> **Q1: 大家可以结合自己玩游戏的经历，反思一下自己为什么喜欢玩游戏**

160460苏苏：
我自己很少玩游戏，但我先生很喜欢玩游戏。他说他的历史、地理知识学习和对战国时期各家将领的了解大都来自游戏。在游戏中，他可以发号施令，调兵遣将，通过一场场的战役逐渐扩大地盘。虽然是游戏，但他很有成就感。有时候他还会给我讲有趣的历史事件，我崇拜的眼神会让他很有成就感。总的来说，应该是游戏让人在虚拟世界和现实世界都有所满足吧。

Iris_Iris：
通常当我被游戏精美的画面所吸引后，才会决定去尝试一下某个游戏。在游戏时，轻易得到的成就、现实世界里不具有的特殊能力、平凡生活中不能提供的特殊经历，都是让人容易深陷其中的原因。如果一个游戏带有科教方面的附加属性，就更容易得到家长的支持，如《地球万象》展示了地球的变迁，可让玩家深入地球内部了解塑造地球的力量，而且这些游戏的颜值都非常高。

黑龙江农垦855农场学校凌刚：
我算是一个游戏资深玩家，儿时玩过的《魂斗罗》《坦克大战》《俄罗斯方块》《超级马里奥兄弟》等。2000年我买了第一台电脑，这时各种网络游戏开始流行，我最初玩斗地主、棋类游戏，后来玩大型网络游戏，直到现在还在玩《坦克世界》《英雄联盟》两款游戏。各种游戏设计其实都大同小异，升级系统、装备系统、战斗系统等都让人欲罢不能。我之所以一直在玩，其实也是因为很多儿时的梦想在游戏里能实现，比如我比较喜欢军事题材，可是我这辈子不可能当兵了，只能在游戏里找找感觉了。

> **Q2: 我们主要介绍了两种游戏化方法：一种是将游戏作为教学支持工具，在教学活动中使用游戏；另一种是利用游戏元素将教学活动甚至是整节课程设计成一个游戏。你能分别举一个例子说明这两种教学方法吗？**

贾海峰：
第一种，在教学活动中使用——当进行垒球掷远教学时，我先进行纸飞机掷远游戏，提高学生学习兴趣以及鞭打动作的准确性。第二种将教学活动设计成一个游戏——我将整节课设计成一个攻堡垒的战争游戏，在不同的环节采用不同的姿势（站、卧、跪）进行投远或投准，每名学生有三次投掷机会，一次就投中得三分，两次投中得二分，三次投中得一分，最后评选最佳投手，对他们进行奖励。

第三章
游戏化教学在不同教学环节中的应用

○ **学习目标**

掌握游戏化教学在准备环节中的应用

掌握游戏化教学在导入环节中的应用

掌握游戏化教学在新授环节中的应用

掌握游戏化教学在练习环节中的应用

掌握游戏化教学在总结环节中的应用

掌握游戏化教学在复习环节中的应用

  上周小张老师在教育游戏企业学习中收获满满。会后,专家留了单位地址给小张,邀请她来科研所参加一个远程视频会议,这个会议主要探讨游戏化教学组织的内容,按照课堂教学环节分别介绍如何在导入、新授、练习和总结环节中应用游戏化教学。

  很多教师像小张老师一样,在新学期的准备阶段也想应用游戏化教学方式吸引学生的兴趣,提高其学习积极性。经过一段时间的学习后,教师们还需要引导学生对单元或一个学期的内容进行复习,这时就需要使用复习阶段的游戏化教学方式。

  下面就随小张老师一探究竟吧!

知识导图

游戏化教学在不同教学环节中的应用

环节	案例
准备环节	破冰游戏《同舟共济》
导入环节	《难忘的八个字》导入环节
新授环节	《难忘的八个字》新授环节
练习环节	《二进制算法游戏》、数字卡牌
总结环节	思维导图
复习环节	抛体运动复习专题

第一节 在准备环节中如何进行游戏化教学

新学期初，班级同学之间可能会因为互不相识，或者假期的分离而渗透着一种陌生感和疏远感。因此，新学期的第一堂课对后续学习的预热非常重要，如果第一堂课能成功地激发学生对课程学习的兴趣，后面的学习就会事半功倍。

为了打破新学期伊始课堂上可能会出现的"冷冻"的群体状态，"破冰之旅"显得尤为重要。教师可以通过巧妙设计游戏活动，让学生在游戏中参与、体验、互动，以此增进他们的感情，从而对同学、对课堂渐渐熟悉起来。最重要的是教师能够通过这种游戏化的方式帮助学生放松，更好地进入学习状态。

一、破冰游戏

我们先从自我介绍说起。每个班级都有很多腼腆的学生，为了帮助他们在第一堂课上不再腼腆和难为情，也为了帮助学生之间迅速认识，教师可以在班级上开展一些破冰游戏。这里为大家推荐一款自我介绍的小游戏——真真假假。

教师先把学生的桌椅重新摆放，使每个人都可以很容易看到别人。然后，学生们轮流介绍自己并告诉大家关于你的两件小事，但这两件事有一件事情是真实的，一件事是虚构的，其他学生的任务是猜出哪件事情是真实的。比如，某同学说："早饭我吃的是炒鸡蛋，我喜欢吃绿色的辣椒。"你可以说："我家宠物狗叫杰克，我以前住在山东。"你还可以自由选择你想说的话题。当每个人都用这种方式介绍自己后，教师会问大家："你们记住了多少同学的名字？"

人与人的联系是由"沟通"建立起来的，但真正的沟通要基于彼此的相知相识，只有彼此相互认识，才能真正开启课堂教学求知殿堂的神圣之门。我们采用有趣的游戏活动，让学生们在真假转换和猜一猜的游戏中由被动变主动、由陌生到相熟，彼此了解、彼此熟悉，避免了刻板的自我介绍，优化了学生互相认识的方式方法，为实现更好的课堂教学提供了轻松有效的保障。

二、分组游戏

学期之初进行分组合作，这既可以让学生们在有趣的活动中进行交流与熟悉，也可以为他们在未来课堂上进行小组合作提供准备。

这里为大家推荐一个分组小游戏。每个学科的教师可以选择学科当中有趣的关键词对学生进行分组，这些关键词既要突显学科特点，又要让学生在游戏中找到团队归属感。例如，在地理课上，教师提前准备好一些写有"西双版纳、桂林、承德避暑山庄、吐鲁番盆地、东方明珠、首都北京"的卡片，每种4张卡片，将班级分为6组，每组4人。教师将这些卡片放到纸箱里，让学生抽取，抽到同一个地名的学生为同一个小组。分组之后，如果时间允许，教师让每个小组学生共同合作进行拼图（教师也可以准备中国地理拼图或者其所在省份的拼图），这种形式不仅可以让学生合理地进行分组，还能在拼图游戏中增进友谊，提高地理学习的兴趣。当然，其他学科也可以玩这个游戏，只需要教师将卡片上的内容换成自己学科的特色词语就可以啦！

另外，教师还可以布置家庭作业，让学生在自己的卡片上标明所在小组的标志，以增强小组成员的归属感，这对于后续课堂上的小组合作将起到积极作用。

无论是自我介绍还是分组合作，设计这些精心而有趣的破冰游戏都是为了让同学们在新学期能有个美好的开始。伴随着游戏活动的导入和开展，学生们的距离拉近了，班集体的观念增强了，学生们对新学期的生活更加期待了。一切都开始得那么自然，进行得那么顺畅，也许孩子们的笑脸和教室里的欢声就是游戏化教学的教育价值体现吧！

▶ 破冰游戏"同舟共济" ●案例

> 游戏准备

1. 游戏工具

报纸若干张。

2. 游戏分组

6~8人为一组。

3. 导入语

同学们，报纸是小组成员落水时唯一的救生工具，如何让更多的小组成员站到报纸上获得更多的生存机会呢？

> 游戏规则

第一轮：在自由分组后，各组将报纸全部展开，铺在教室空地处（教室的桌椅需重新摆放，以腾出尽可能大的活动空地）；在裁判口令的引导下，各组成员需在规定的时间内，单脚踩在该张报纸上，10秒内，哪个组没有出现成员双脚落地或单脚踩出报纸外的情况即为获胜组，并进入下一轮比赛，反之淘汰出局。

第二轮：与第一轮游戏规则一样，只是报纸的面积会缩小到原来的一半大小。为了在有限的面积内承载全体成员，避免站不稳和摔倒的情况，成员们需要抱团相拥。

◀ 设计意图

"同舟共济"的核心规则就是在逐渐缩小的空间里承载更多的人。这个游戏强调的是团队的力量，成员们要互相包容、互相配合，才能完成游戏任务。为了团队的获胜，小组需要集结每个成员的力量，随着报纸面积逐渐变小，组内成员的肢体触碰会越来越多，甚至要紧紧拥抱。在这个过程中，学生们会出现失败、意见不统一的情况，但是为了集体利益，每个人都应舍小我求大我。

第三轮：之后的游戏会随着报纸面积的逐渐变小而增加难度，活动进行到场上只剩下一个小组时，该小组即为获胜组。

- **案例点评**

在教学准备环节，我们遇到最大的问题就是如何让全班学生互相认识，形成团队凝聚力。在"同舟共济"这个案例中，教师利用破冰游戏打开局面，特别是对那些彼此陌生的学生来讲，是大家相互熟悉、打破拘谨状态的有效工具。新学期初大家在这样一个个的"同舟"里渐渐熟悉、慢慢亲近起来，学生们在轻松愉快的气氛中开始了快乐的校园生活和学习。从这个案例中，我们可以获得两点启发。

第一，良好的团队建设是成功教学的前提。实际上，团队建设在教学中一直没有得到应有的重视，很少有人专门谈教学准备期的活动设计，我们关注的重点只是如何利用课上每一分钟，以为只要抓住了课上每一分钟就抓住了一切，其实这是不够的。教育是一个过程，课前、课中、课后连在一起才构成教育教学的全部，团队建设是其中的重要工作。我们都有听名师上示范课的经历，我们会发现名师在上课之前往往会跟班里的学生进行互动，做一些小游戏，讲一些小故事，活跃气氛，彼此之间建立信任，形成团队凝聚力。这些活动看似不起眼，但恰恰是这些不起眼的小游戏为后面精彩的课堂教学提供了强大的情绪支持。

第二，任何破冰游戏都要围绕教学开展，而不是单纯做个游戏。所以，教师在时间和形式上要特别注意，不能为了游戏而游戏，导致教学沦为形式，这是得不偿失的。像"同舟共济"这个案例，就比较适合新学期初开展，因为这个游戏不仅需要较长的时间，还需要重新布置教室。如果是课前热身，就需要找一些短小的破冰游戏，如一个小故事、一个小活动，让大家互动一下就可以了。

第二节 在导入环节中如何进行游戏化教学

大家都知道，导入作为课堂教学的第一个环节，起着非常重要的作用。课堂导入的作用包括引起注意、激发兴趣、明确目标、活跃气氛、沟通情感等。为了使学生快速进入学习状态，打造高效的课堂，利用游戏进行教学导入是一种不错的选择。

导入环节的游戏化教学可以分为两种形式：相关性导入和非相关性导入。相关性导入，我们很容易理解，即导入的游戏化设计对课堂教学内容具有指向性，是导入课堂学习内容的引子。我们在第一章当中为大家介绍过"摸棋子"的游戏。在小学数学课"可能性"的开始，教师通过摸棋子让学生初步体验可能性的大小和游戏规则的公平性，为后面的课程教学开展打下良好的基础。

而非相关性的游戏化导入指该游戏与本节教学内容无直接联系，它只是作为一种信号，让学生集中注意力，引导学生进入课堂状态，使得学生能在轻松愉悦的氛围下进行正常的学习活动，以此收获良好的课堂效果，这种形式的游戏具有通用性。

总之，无论用哪个形式导入，我们都是为了达到事半功倍的课堂效果。下面几个小例子帮助我们更好地理解相关性导入和非相关性导入。

一、相关性导入

【例1】数字反应力

在讲解"数字编码"的问题时，我们可以用如下导入方式。

（1）介绍规则：

老师说"1"学生举左手；说"2"学生举右手。

老师说"3"男同学起立；说"4"女同学起立。

老师说"23"男同学起立并举右手；说"41"女同学起立并举左手。

（2）提问：在刚才三个游戏中，数字1分别表示什么？数字"1"还会让你想到什么？

（3）小结：从刚才的游戏中我感觉同学们不但思维活跃，而且动作敏捷。相信在今天的学习中你们一定会表现得更加出色。你们有信心吗？

【例2】中国各省份拼图

在初中地理课上，一位教师为了让学生对中国区域和省份有更深入的学习，在课前用一个关于中国各个省份的拼图游戏导入，学生在电脑上进行竞技式的中国各省份拼图游戏。

规则：学生点击该游戏软件，游戏计时开始；学生要将随机跳出的省份图形用鼠标拖到桌面中国版图轮廓空图内的相应位置，如放对则对应位置呈绿色，如放错则为红色，且不可更改，这要求学生既要快又要准。

> **设计意图**
> 为学生创造一个轻松愉悦的学习环境，同时也为后面探究新知进行铺垫。

> **设计意图**
> 该游戏利用中国各省份拼图游戏，既有效调动学生参与的积极性，又让学生在游戏中渐渐从中国各省份拼图游戏过渡到区域和省份的学习中。这样的游戏化导入与教学主题密切联系，有利于提高课堂的教学效果。

二、非相关性导入

【例1】"青蛙跳水"

"一只青蛙跳水中，扑通；两只青蛙跳水中，扑通扑通；三只……"每个学生按照一定的顺序说出一个字，虽然这个游戏的规则很简单，但是需要学生专注、反应快。"青蛙跳水"一个非常好的热身活动，学生可以很快地进入课堂状态。

【例2】"身体写汉字"

教师看到夏日午后的学生们慵懒困倦，于是在课前请大家全体起立，站到空地上，双手叉腰，用指定的身体部位写汉字。如教师发出口令，要求学生用左肩写某人的名字，或用臀部写某个成语，还可点明某个学生到讲台上进行示范等。

> **设计意图**
> 这样的肢体写字行为，不仅能激发学生兴趣，还能在愉悦氛围中调动课堂情绪。

▶ 《难忘的八个字》导入环节 ●案例

> 案例基本信息

课程：京版小学《语文》第五册《难忘的八个字》。

教师：北京市顺义区杨镇中心小学孙超。

来源：教育部－联合国儿童基金会"教师教学方式变革促进农村地区小学生学习能力发展"项目。

> 教学过程

1. 导入

《难忘的八个字》
导入环节课堂实录

同学们，今天我们继续学习第18课，请同学们齐读课文题目。上节课我们已经学习了本课的生字、新词，初步了解了课文内容，同学们知道了这难忘的八个字是"我希望你是我女儿"。同学们也都提出了疑问：为什么这八个字让我终生难忘？今天我们就继续来深入学习这一课。

2. 展示学生片段描写，进行"猜猜他（她）是谁"游戏

（1）交流外貌描写。学生在课前已经对班内同学的外貌进行了描写，各小组内部交流各自的片段描写。

（2）进行"猜猜他（她）是谁"游戏。找三位同学上台来展示外貌描写片段，做"猜猜他（她）是谁"的游戏。游戏规则：不说出名字，让学生根据他们各自所描述的外貌语言来判断是哪位同学。

游戏规则：

① 游戏前准备，老师布置作业，要求学生描写一位本班同学，不能少于5句话；可以参考文中对"我"和伦纳德夫人的外貌描写方式。

② 在游戏过程中，老师请一位同学朗读一遍自己的描写，然后，

> **设计意图**
> 同学之间互相描述外貌，激发了学生的兴趣，让学生在不提前知道教学内容情况下，进行无意识的游戏活动，使课堂在轻松愉悦的气氛中展开。

请同学举手抢答。

③ 游戏奖励。当成功猜出一个同学时，全班鼓掌一次；老师掌握时间，如果在一定时间内猜不出，由审判员来揭晓答案，同样鼓掌一次。

（3）交流游戏感受。如在进行外貌描写时，要抓住人物特征进行描写。

（4）引出课文对小女孩和伦纳德夫人外貌的描写，体会文字所体现的情感。

● **案例点评**

《难忘的八个字》这篇文章，涉及很多外貌描写的句子。为了帮助学生更好地理解这些外貌描写，并且更好地体会小女孩的自卑心情，教师设计了"猜猜他（她）是谁"的小游戏。

《难忘的八个字》导入环节案例点评

第一，从游戏的工具性作用来看，这个小游戏首先具备了热身的作用，在合作与竞争当中也提高了孩子们参与的积极性。这种非相关性导入的游戏可以达到活跃课堂的效果。

第二，学生在描写某一个同学的外貌时，需要模仿课文当中对"我"和伦纳德夫人外貌描写的方式，所以这个游戏在准备环节就增加了学生对课堂内容深入理解的要求。

第三，从课堂效果看，很多学生虽然准备了对某一个同学的外貌描写，但是同学们却猜不出具体描写的是哪一位同学。其原因就是外貌描写没有抓住重点。

经过教师的引导，当学生再写那位同学的外貌时，文章就很有起色。在这个小游戏当中，学生们还明白了外貌描写要抓住主要特征的道理。

从这个角度上看，这个游戏属于相关性导入，这种导入方式虽然需要教师花更多的时间和心思去设计，但是其优点也显而易见，因为除了游戏的工具性作用之外，该设计还可以帮助学生理解课堂授课内容。

那么，这个设计还有没有可以改进的空间呢？

在这篇文章中，作者在进行外貌描写的时候语言非常精练。这启发我们，在描写人物时要抓住主要特征。"猜猜他（她）是谁"这个游戏之所以设计得好，就是抓住了这个重点，用游戏化的方式进行教学设计，让学生更好地掌握了人物描写的方法。人物描写还要用最简洁的语言来传递最准确的信息，就像这篇课文一样，寥寥几句就勾画出了小女孩的生动形象，语言凝练，用词精准。所以，我们可以在"猜猜他（她）是谁"的游戏中增加一个环节，每位学生一次只能说出自己所描写的同学的一个特征，比一比谁能用最简洁的语言准确描写自己的同学，用词最少者获胜。

第三节　在新授环节中如何进行游戏化教学

中学教师专业理念
与师德：
激发中学生的
求知欲和好奇心，
培养中学生学习
兴趣和爱好，
营造自由探索、
勇于创新的氛围。

导入之后，就正式进入新授阶段了。根据数学家波利亚的观点，如果在教学中能很好地组织游戏，无疑能在学生在发现事物规律时给予恰当的帮助，提高学生的参与意识，激发学生主动学习的热情，其他学科同样如此。在传统教学中，教师们大多以讲解的方式新授课程，这一小节会帮助大家学会如何运用游戏化教学法教授学生新的知识。

恰当运用游戏化教学进行新授可以大大提高学生学习知识的积极性，那么怎样在新授中运用游戏化教学呢？

一、梳理知识点，挖掘游戏元素

一堂课中新授的知识点可能不止一两个，并非每个知识点都适合运用游戏化来教学，也就是说教师选材要恰当。各位教师需要通过梳理知识点，判断哪些内容具有游戏展示的潜质，是可以运用游戏来呈现的。例如，在讲述立体几何知识点时，三维图形就是不错的游戏元素，教师可以组织学生亲自动手，用硬纸板剪出平面图形，再通过折叠拼成立体图形，让学生感受从二维到三维变换的过程。

当然，并不是所有的教学内容都能够找到合适的游戏作为教学支撑的，这时候就可以利用诸如积分、徽章、排行榜、小组PK等游戏元素将一个传统的学习活动设计为一个游戏。例如，对于古诗词的学习，教师可以将古诗词的朗读、背诵和对字词的理解分别设计成一个一个小任务，学生每完成一个任务就得到一定数量的积分，并设置排行榜。待一节课结束时，根据积分排行榜，教师为学生颁发不同名称的徽章。

二、又快又准地消化重难点

课堂总共有40分钟的时间，要想高效地完成教学目标，需要又快又准地消化重难点。快，就是让游戏在较短的时间内传达给学生学习的东西，因为久则疲；准，就是在设计游戏时找准重难点，让学生一玩就知道学到了什么。

比如，在讲解"数轴"的数学课上，教师可以利用绳子作为游戏化教学的工具，在上面用彩色粉笔标注刻度和中点。绳子由两个学生对称拉直，然后教师报数，学生寻找正确的位置，或者学生报数，寻找与数字相反的位置。教师也可以根据需要加入其他知识点,比如说出绝对值,让学生找位置。这个游戏可能在10分钟左右就让学生掌握了数轴的概念以及对称知识,同时学生在快速判断并移动身体寻找正确坐标时,可以调动课堂气氛,加深记忆。

三、游戏设计别跑偏

这里的"跑偏",主要指设计游戏时不要跑偏到"导入"和"练习"里。有很多情况是,教师可能找到了一个不错的游戏,但是它不适合运用到新授过程中,而是适合放在练习环节里的。"跑偏"不仅无法达到传递新知识的目的,还会使学生认为知识点很难理解,因为他们还没有学到新知识就跳到了练习的环节。举个简单的例子:教师拿出了被平均分成三个区域的幸运大转盘,问学生到某一区域中奖的可能性是多大。未接触过概率知识的学生肯定是一头雾水,因为教师已经开始练习环节了。教师如果将之前提到的"摸球游戏"作为新授游戏,那"幸运大转盘"也就顺理成章了。

四、教师全身心投入,认真把控课堂

教师应该遇到过在课堂上组织玩游戏时,学生"脱缰"的情况,也就是学生玩疯了。学生是否学到了新知识暂且不说,课堂纪律已经到了教师无法控制的地步。所以,教师千万不要完全放手让孩子们自己去玩,而应该在游戏开始之前明确规则,在玩游戏的过程中时刻关注学生的动向,在恰当的时候提醒他们游戏规则,维持一定的课堂纪律。关于教师在游戏化教学当中的角色,在第五章我们还会详细地讲解。

以"数轴"课上的绳子游戏为例,教师如果放手不管,报数的学生一起喊,台上移动的学生听谁的呢?这时需要教师说一句:"咱们一个一个来。首先由王同学报数,然后李同学报数。"这样就有秩序了,游戏就可以顺利开展下去了。

上述就是在课堂新授中合理运用游戏化教学的方法,也是运用游戏化教学需要注意的地方。

▶ **《难忘的八个字》新授环节** ●案例

> **案例基本信息**

课程:京版小学《语文》第五册《难忘的八个字》

教师:北京市顺义区杨镇中心小学孙超。

来源:教育部-联合国儿童基金会"教师教学方式变革促进农村地区小学生学习能力发展"项目。

> **教学过程**

《难忘的八个字》讲述了作者童年的亲身经历,表达了"我"对老

师的热爱之情。虽然内容不难,但引导学生联系上下文感受伦纳德夫人说的八个字所包含的爱及对主人公的重要意义是个难点。所以教师通过游戏,让学生进入具体情境体验课文。

1."传话游戏"——班级内的"耳语测验"游戏

师:在上节课的学习中,我们了解到课文中的主人公通过一次"耳语测验"有了终生难忘的体验,今天我们也来做一个耳语测验的游戏。

附:"传话游戏"游戏说明

① 游戏前准备:教师准备写有一句话的卡片,每组同学一张卡片,每张卡片上的内容不同。这句话的难度由教师根据学生的分组情况调整。

② 游戏形式:小组游戏(每一列同学即是一组)。

③ 游戏过程:教师宣布游戏开始后,第一位同学看清楚卡片上的话后,在第二位同学的耳边小声地告诉他这句话是什么,然后第二位同学需要在第三位同学的耳边小声地告诉第四位同学他听到的这句话,依次进行,直到最后一位同学。完成后小组的最后一名同学举手示意。

④ 游戏时长:3分钟。

⑤ 游戏奖励:在规定时间内最先正确传递卡片上内容的小组获胜,全班同学为他们鼓掌;在规定时间内,没有小组能够正确传递卡片上的话时,全班同学为自己鼓劲儿加油。

2. 读第三自然段,找出班级组织的"传话游戏"和文中的"耳语测验"的区别

(1)找出文中"耳语测验"的规则,读一读。

(2)找几名同学演示一下"耳语测验"过程。

(3)体会"耳语测验"对"我"来说存在的困难。

师:刚才我们都知道了"耳语测验"是怎样进行的,同学们也都很轻松地就把老师对你们说的话一字不差地复述了出来。看来这个"耳语测验"对同学们来说很简单。但是文中的"我"为什么要"把右手悄悄地抬起,假装用手盖紧耳朵"?

(因为"我"的左耳几乎听不到任何声音。)

3. 如果你是文中的"我",在"耳语测验"中会想些什么?

师:如果你是文中的"我",天生左耳失聪,几乎听不到任何声音,在做"耳语测验"时,会想些什么呢?(猜测老师说的内容,或者是在游戏时把右手悄悄抬起。)

生:"我"很高兴,因为我能对付"耳语测验"了。

生:"我"很无奈,只能用欺骗的方式来对付"耳语测验"了。

4. 学习第四自然段，体会这八个字对我的意义

（1）从"我"在"耳语测验"中的做法体会这八个字对"我"的意义。

师：我们一起看一看文中的"我"是怎么做的。

"终于轮到我了。我把左耳对着伦纳德夫人，同时用右手紧紧捂住右耳，然后悄悄把右手抬起一点儿，这样就足以听清老师的话了。我等待着……"

① 此时"我"心里会想些什么呢？

② 你能用一个成语来形容"我"此时的心情吗？（忐忑不安。）

③ 在忐忑不安中，"我"终于等来了令"我"终生难忘的八个字。（我希望你是我的女儿。）

（2）那么，你觉得伦纳德夫人会怎么说这句话呢？请你扮演伦纳德夫人，对"我"说说。生读，师评价。

八个字，简单的一句话，对于自卑、受伤的"我"来说意味着什么？

5. 说一说对"我"来说这八个字意味着什么

小结：这八个字，对于我们正常人来说很普通，对于那些漂亮的女孩子或是英俊的小男生来说，这样的字在他们的身边总是会出现。但是对于一个天生裂唇、长着不整齐的牙齿、左耳先天失聪、说起话来结巴、除了家里人没有人喜欢的女孩子来说，却是那么重要，那么难忘。

6. 读中感受这八个字对"我"的意义

再读这个句子，读出这八个字的力量："这八个字分仿佛是……"齐读。

案例点评

我们在前面的课程当中也推荐过《难忘的八个字》这篇教学设计，当时讲解的是导入环节的游戏设计，这里我们谈新授环节的游戏设计。

传话游戏因为可以迅速暖场，吸引大家的注意力，调动性很强，所以这个游戏在一些晚会上十分受欢迎。当然，这个游戏不仅有趣，而且有很好的教育价值。

在课文中，"耳语测验"的环节描述是整篇文章的重点之一。所以授课教师在设计的时候使用了"传话游戏"来帮助大家体验"耳语测验"。这个切入点选得很好。我们一直在强调，游戏进课堂主要有两种方式：一种是将游戏作为一种教学环节的支持工具，一种是引入游戏机制。这节课采用的是前一种方式。这种方式使游戏紧密结合课文内容，能对整堂课起到画龙点睛的作用。游戏一定要为教学目标服

务，而"传话游戏"正好能够帮助学生深入理解文章内容。如果做进一步改进，教师可以让学生用耳塞或者棉花堵住左耳来模拟文中小女孩失聪，在玩游戏的过程中加入"捂住右耳"这样一个和文中"耳语测验"一样的规则，效果会更好。

甚至，教师可以先让学生玩一下"传话游戏"，再开展一个模拟左耳失聪的孩子来玩"耳语测验"的游戏，让学生体会小女孩自卑、无助的心理，让学生想象：小女孩在玩这个游戏的过程会遇到什么样的困难，能否像正常的孩子一样完成得十分顺利？这样的教学或许能收到更好的效果。

第四节 在练习环节中如何进行游戏化教学

一项新的知识或者技能学完，如果没有巩固复习，那么随着时间的推移这些知识或技能就会被逐渐遗忘，及时有效的练习能帮助我们巩固所学。练习的目的在于巩固所学，教师在设置练习游戏时，一定要瞄准这个方向。

练习可以针对某一知识点，但应使学生在游戏过程中高效地获取知识。在这里，针对练习游戏的特点，我们总结出教师们在设计游戏时需要关注的方面。

一、游戏不宜过大

游戏不宜过大这里主要指游戏的考查内容和游戏元素占整个游戏的比重不宜过大。教师在完成新授知识环节后，如果时间不够充足，放入一两个有针对性的练习游戏，刚好可以充实课堂，使教学效果最大化。如果游戏的考查内容过多，一方面会使大部分学生压力增大，对本堂课失去信心，无法集中精力完成练习任务；另一方面会占用太多课堂时间，影响下堂课的学习效率。如果游戏元素比重占太大，练习游戏的重点将会错误地偏移，学生将过多关注一些本不该费心关注的地方，最终起不到巩固所学的效果。

二、游戏操作不能过于复杂

同样，教师们应明确认识到练习游戏的真正目的在于深化与巩固知识，练习游戏的操作应当尽量简化，不要让游戏成为学生练习时的绊脚石。例如，如果一个学生在二进制算法的游戏中很长时间都找不到确定按钮,那么这个游戏肯定会让学生哭笑不得。

▶ 《二进制算法游戏》[①] ●案例

二进制与十进制转换问题是计算机的基础知识。《二进制算法游戏》(Binary Game)是个很不错的学习游戏,它可以帮助学生提高计算的正确率与速度,在紧张有趣的计算过程中传授算法技巧。

[①] 该游戏使用的时候需要注册。你也可以使用其他类似的游戏,这里只是作为一个讲解的例子。

(1)游戏一开始出现一道二进制算法题目,学生在8个按钮中选择0和1,直到等式成立,每个按钮下都有对应的十进制数字,方便学生计算与寻找计算规律(图3-1)。

(2)当回答正确时,题目会自行消失,并从底部继续生成新的题目。随着时间的推移,题目的难度会增加,生成题目的速度会加快,计算会更加复杂。

(3)如果题目充满了整个屏幕,整个游戏结束,电脑自动计算得分。这类似俄罗斯方块的游戏规则。

(4)学生可以根据游戏统计数据查看自己的计算速度和题目总数,从而判断自己的进步情况。

这样的游戏定位准确,考查的内容非常具体,聚焦于二进制与十进制的转换,实实在在地发挥了寓教于乐的作用,提高了学生二进制计算能力。

三、游戏应具有明确的训练目标与规则

上述《二进制算法游戏》就是单纯考查二进制与十进制转换问题的游戏,训练目标与规则都明确。学生在适当压力下利用该游戏对课堂所学进行针对化的训练,效果明显且容易评判。

例如,在教学生学习"对称"知识的时候,为了完成"深入了解对称的性质"这一目标,让学生自己动手绘制对称图形是再好不过的选择。教师要明确要

1>图3-1
《二进制算法游戏》

求：图形中至少要有2种颜色和3种不同的形状。

随着难度的增加，形状种类和颜色的要求也不断增加，学生需要记住对称的图形颜色相同，图形成轴对称等要求。当然，也可以由一个同学画出对称轴一侧的图形，由另一位同学画出对称轴的另一侧的图形，进行小组比赛，看哪个小组对称图形画得更标准，具体规则教师可以视情况而定。

以上就是游戏化教学法在练习环节的运用，教师们可以根据课堂实际情况灵活运用，和孩子们一起打造充满快乐的课堂！

▶ **数字卡牌** ●案例

"数字卡牌"游戏的工具十分简单，只需要准备1—9号的数字卡片即可，当然也可以用扑克牌代替。

> 游戏说明

1. 将1—9号牌背面朝上，以九宫格形式任意排列。

2. 从9张牌中翻1张卡片作为答案，再把其余8张牌全数翻开，想办法使九宫格中的横3张、竖3张或斜3张卡片结合进行混合运算，得到翻开的那张牌的数字，共有8种可能。

3. 计算时可以变换3张卡片的位置，也可以使用括号。低年级设定使用加减混合运算，高年级则提高难度，使用四则混合运算。

4. 每个人把自己的算式记下来，然后和大家一起对答案，计算得分。之后打乱卡片顺序，重新翻开答案数，继续下一轮游戏。

例如：图3-2最先翻开的卡牌数字为8。

横一：$1×5+3=8$

横二：$(8-6)×4=8$

横三：$9-4+3=8$

……

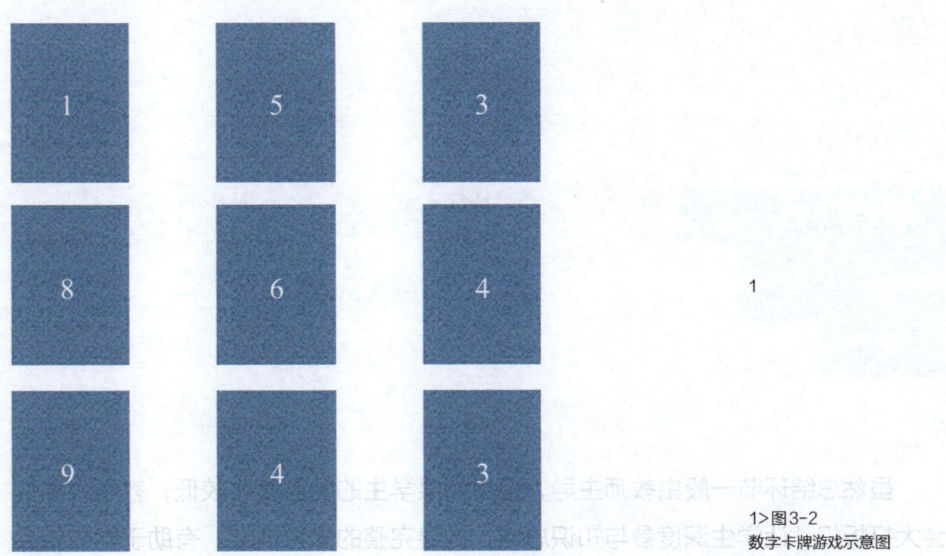

1>图3-2
数字卡牌游戏示意图

记分法：记每一个正确的组合中的3个计算数的和为得分，所有组合的得分总和是最终的得分。依照上例，最终得分为9+18+16，共43分。

记分方式也可以简化，完成一组得一分。依照上例，最终得分为3分。

这样的游戏是不是既简单又好玩呢？学生只需要在提供卡片的条件下，便可以开动脑筋，与同学一决高下，灵活高效地提升计算能力。

● **案例点评**

这个"数字卡牌"游戏属于数学类游戏，可能有些教师在课堂上也使用过。针对这个案例，我们一起进行如下分析。

大家都知道，练习往往是比较枯燥的，尤其是数学学科，一不小心就会让学生陷入题海，学生看似做了不少练习题，结果却没达到理想的效果。如何利用游戏的方式进行练习，是一个很有价值的研究点。这个案例通过九宫格把多种数学运算纳入其中，让学生一边玩游戏，一边做练习，在玩中学，在做中学，达到了寓教于乐的效果。这给我们一个很重要的启发：教师要善于运用游戏，在游戏中寻找教育的价值，尤其对于数学，很多知识点都有游戏原型。比如，韩信点兵、鸡兔同笼、棋类博弈等，都是古代数学家巧妙利用数学知识构建的游戏原型。这些游戏既有趣又好用，对数学学习非常有帮助。

另外，在语文、英语等文科类的教学中，也可以利用游戏进行练习。比如，苏州有位教师就把《长亭送别》与黄梅戏《西厢记》选段结合起来，并且融入了邓丽君的《路边的野花不要采》、阿牛的《桃花朵朵开》以及刘若英等的《分开旅行》等耳熟能详的歌曲。学生们听着歌曲，对照着课文，重新思考在不同的时代里，爱情有什么变化，通过比较对残酷的封建婚姻制度有更深的认识。

林语堂的《论读书　论幽默》提出："幽默是一种高级的智慧。"从这种角度讲，把知识变成游戏，用游戏进行教学，或许是一种高级的教育智慧。

第五节　在总结环节中如何进行游戏化教学

虽然总结环节一般由教师主导，但是如果学生的参与度比较低，教学效果就会大打折扣。让学生深度参与知识总结，构建完整的知识框架，有助于学生融会

贯通地学习。说到这儿,你是不是想:我的总结环节的教学就是这样的,让学生写下当堂课所学的知识点,然后写上自己的名字上交?

如果换作游戏化教学,总结环节该怎么操作呢?总结环节可以让学生采取撰写游戏日记的形式,发布到交流平台上,获得点赞数最多的几名同学可以获得奖励。如果一堂课的知识内容具有浓厚的情感色彩与表演元素,那么就直接让孩子们上台尽情地展示吧!比如,你刚刚讲完莎士比亚的戏剧,就让学生来一场角色扮演,让学生变成莎翁笔下鲜活的人物,将知识点融入孩子们的情感表达当中,这就是游戏化教学在总结环节的应用。

各位教师也可以借助于一些工具来帮助自己总结课堂活动。比如,让学生将知识点以思维导图的方式画下来,如图3-3所示。当然,思维导图只是游戏化教学的一个辅助工具,并不等同于游戏化教学,具体的课堂总结活动还需要教师多花心思设计。

---

① 欧阳苹果,陈清. 思维导图在小学英语教学中的作用[J]. 湖南第一师范学报, 2008(3):18-19.

思维导图是由英国心理学家托尼·巴赞提出的。他认为,放射性思维是一种新的、以大脑为基础的高级思维形式,而思维导图是放射性思维的自然表达形式。思维导图从中心主题出发,通过特定的关联展开分支,由关键词或图形标识分支,并充分利用色彩和字体的变化将放射状思维过程和结果变为可视化的工具。①思维导图的核心思想就是既运用左脑的词语、数字、逻辑等功能,同时也运用右脑的色彩、图像、符号、空间意识等功能,将思维痕迹用图画和线条形成发散性的结构,从而把形象思维与抽象思维很好地结合起来。

在上交思维导图作品时,学生不需要写名字,而是画自己的肖像。这种类似匿名且用肖像画代替名字的方式就是利用游戏化元素的表现,这能让学生乐于参与其中。

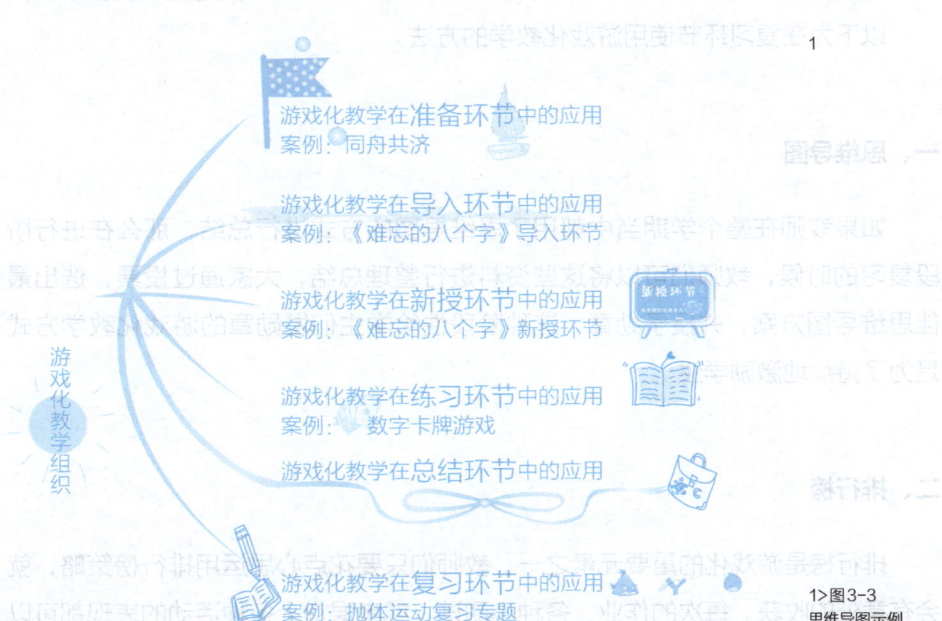

1>图3-3
思维导图示例

主动性强的学生制作思维导图时不仅能联系本节课的内容，还能联想到之前的内容，甚至他们预习过的之后的内容。当然，教师们也可以利用相关软件让学生制作电子版的思维导图。制作电子版的思维导图可以尝试用XMind、MindManager和Kidspiration等。重点要让学生们相信，这些都是艺术品！最后，将这些思维导图作品进行展示，全班投票选举最佳人气奖，别有一番乐趣。

所以，让学生准备好一张白纸和彩笔，发挥想象力，开展思维导图的旅行吧！

游戏化的教学设计，通常有积分和小组竞赛的环节，那么在总结环节，教师们一定要留出时间来计算总分、点评和反思。我们见过很多教师的教学设计，教学过程都很精彩，但是在接近下课的阶段却缺少总结归纳的升华阶段。

第六节 在复习环节中如何进行游戏化教学

在日常教学当中，复习也是非常重要的环节，对学生而言复习课相比新课少了一份新鲜感，容易产生厌烦情绪。此时，教师们可以尝试使用游戏化教学。

以下为在复习环节使用游戏化教学的方法。

一、思维导图

如果教师在整个学期当中都用了思维导图的方式进行总结，那么在进行阶段复习的时候，教师们可以将这些资料进行整理总结，大家通过投票，选出最佳思维导图方案，并授予勋章。这种阶段性给学生们发勋章的游戏化教学方式是为了持续地激励学生。

二、排行榜

排行榜是游戏化的重要元素之一。教师们只要花点心思运用排行榜策略，就会有意外的收获。每次的作业、各种小测试，或者课堂上各种活动的表现都可以作为排行的标准。利用排行榜的关键是教师要在教学前设计好积分规则，也可以设计一些有意思的关卡，让学习像游戏闯关一样好玩。

三、角色扮演

我们可以让学生出试题，然后教师将这些内容进行组卷。在这个过程当中，学生们也获得一次做教师的体验，自己出的题目被教师选中，这本身就是一种重要的肯定和奖励。当然在这个过程当中学生可以自创题目，也可以使用现成的题目，还可以使用电子游戏。

四、主题游戏

重难点内容需要教师们花费更多时间去处理，游戏化教学对解决重难点问题大有裨益。解决好重难点内容，对学生的学习可以起到以点带面的效果。后面推荐给大家的《抛体运动复习专题》案例就是针对重难点的典型主题游戏，相信大家可以从中受到启发。

在所有的环节中，奖励机制是很重要的。大部分电子游戏都会设置关卡和积分，积分就是一种奖励机制，而奖励方式的选择是决定奖励成败的关键。如设计不定时的奖励，会带来惊喜和竞争，适度惩罚会使奖励变得更有意义。

教师们可以不限于本节提到的这些方法，尝试多样化的复习方式，如问题解决法、探究法等，最重要的是让学生在享受汲取知识的乐趣和参与课堂活动的乐趣的同时巩固旧知旧能，优化知识结构，形成综合能力。

> ▶ 抛体运动复习专题　　　　　　　　　　　　　　●案例
>
> \> 案例基本信息
>
> 课程：高三物理复习课。
>
> 教师：浙江省路桥中学韩静波。
>
> 来源：Conference on Digital Game-Based Learning 2012。
>
> 高三复习，常是一个延续整整一年的、痛苦的，甚至有时低效的教学过程。高三复习课是课堂教学的重要环节，回忆概念、讲解例题、总结解法似乎成了复习课的惯有教学模式。在知识点所占比例如此之大的复习课上，体现素质与能力培养，设计与探索出新型的复习课教学模式，具有积极的意义。
>
> \> 教学重难点
>
> 目前，学生能较好地处理平抛运动习题，但对于斜抛处理并不熟练，若大量练习斜抛习题，使学生熟悉斜抛场景和解答方法，势必会增加学生负担，也是没有必要和错误的。考试主要考查学生对

*试试看：
将这一小节推荐的方法用到你的课堂上，你决定选择哪个方法呢？在纸上或电子文档中写下你的选择和具体实施要点。*

常规平抛运动的基本知识和技能的掌握和对"化曲为直"方法和思想的运用。

（1）重点：平抛运动的基本规律和解题方法技巧。

（2）难点：理论联系实际和建模的能力。

> 教学过程

现以《愤怒的小鸟》为主线开展高三物理抛体运动复习专题，此专题复习需要3个课时。教学过程如图3-4所示。

1. 第1课时

（1）上课后，教师让一位成绩较差的游戏高手在讲台上玩5分钟《愤怒的小鸟》游戏。学生从高三枯燥困乏的复习氛围中解脱出来，学生经历了迷惑、惊愕、开心、激动甚至呐喊起哄的全过程。

（2）教师在游戏过程中按下PrtSc键截图若干，以"抛体运动规律和运用"为主题请学生编题。

（3）幻灯片滚动播放《愤怒的小鸟》游戏截图（包括当堂截取的和事先准备的）。学生在教师的指导下当堂编习题。

（4）课后教师将学生的习题收集分类，按照知识的逻辑顺序和难度等因素分类。

部分学生能在兴奋的状态下迅速开始编题，但部分学生习惯给题目求解，对于自己编的题无从下手。在教师的引导和同学的帮助下，绝大多数学生都能逐渐进入状态。在一个有50多名学生的班级里，教师能发现一些很有创意的好作品，经过课后整理，学生所编的习题作为第2节课教学习题是完全足够的。

2. 第2课时

（1）将自编习题按难度排序，学生练习并讨论这些习题，让编题的学生讲题。

（2）询问部分习题的编制理由，分析习题情境，师生重新改编并共同求解。

（3）在分析、解题过程中形成知识框架。

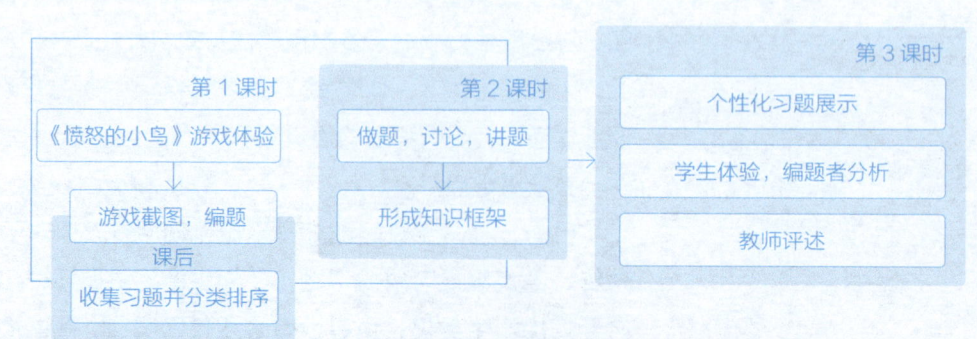

图3-4 "抛体运动复习专题"教学过程

3. 第3课时

（1）展示创新性习题，个性化习题。

（2）编题者分析习题。

（3）教师评述。

● **案例点评**

第一，这个复习专题以《愤怒的小鸟》游戏引入，通过不同程度、不同水平的题目设计，由浅入深、层层递进，学生在不知不觉中完成了复习。这个复习专题课设计得非常巧妙，用一个情境把非常广泛的知识点串联起来，既达到了复习查漏补缺的目的，也帮助学生融会贯通，构建自己的知识体系，取得了不错的效果。

第二，引导学生自编习题，实现了高水平的知识迁移。如果仔细看学生编的题目，我们会发现这些题目非常复杂，甚至超过了考试的要求。本来这在传统教学中是很难达到的，但是，教师通过游戏化教学，引入《愤怒的小鸟》这个游戏，为学生的学习营造了一个非常亲切自然的情境，既激发了学生的学习兴趣，又让学习内容与真实世界建立了联系，从而实现了高水平的教学突破。

第三，有一点需要注意的是，这种设计精巧的游戏化教学，需要给学生一定的"留白"，引导学生说出自己的发现、设计思路、解题建议，也可以让成绩好的学生当小老师，加强学生之间的互动，避免因教学难度提升而导致两极分化加剧的问题。

● **本章小结**

在本章中，我们呈现了游戏化教学在六个教学环节中的应用、课堂中可以尝试的小游戏以及丰富的游戏化教学案例，旨在通过提供可行的游戏化教学方法改善教学每个环节中存在的问题，优化课堂，促进学生"乐学"，教师"乐教"。当然，教学有法，但教无定法，我们还需要在实践中不断尝试和创新。

Q1：小张老师说，在学期伊始，不只学生感觉紧张，她在上第一节课时也有点拘谨呢！您在平时的课堂教学当中是否重视准备这个环节呢？如果您在这个环节中有比较好的游戏化方式，欢迎您和大家分享，也让小张老师在下次的准备环节当中有更多的参考。

建三江前哨农场刘思雨：

我比较重视准备这个环节，这个环节可以打破僵局，促进师生之间、生生之间的沟通，对以后的小组合作学习有很大的帮助。我经常用的破冰游戏是"同心圆自我介绍"。

游戏规则：将所有人排成两个同心圆，随着歌声同心圆转动，歌声一停，面对面的两个人要相互自我介绍。

注意事项：

（1）排成相对的两个同心圆，边唱边转，内外圈的旋转方向相反。

（2）歌声告一段落时停止转动，面对面的人彼此握手寒暄并相互自我介绍。歌声再起时，游戏继续进行。

Q2：请与大家分享：在日常教学当中您如何使用游戏化教学的方式来进行课堂导入？

张呆呆的蒋小片：

在导入环节，我通常使用问题抢答的方式引导学生回顾之前的知识，以便学生更好地学习本节课。在信息化手段的支持下，我提前编制好练习题，让学生上课扫描二维码，比比谁能更快、更正确地完成练习，并通过统计功能实时显示学生的正确率、速度和排行榜。这样的热身游戏既可以帮助学生回顾知识，也可以热身，让学生更好地进入学习状态。

Q3：请与大家分享：在日常教学当中您如何使用游戏化教学的方式来开展新授环节？

lanfeng1973126com：

在学习八个方位时，我设计了"说说我在哪里"的游戏。东南西北四个方位是已经学过的知识，我请四个小朋友分别站在四个方向上，每个人身上贴上方位，然后逐个请同学站到他们任意两个同学之间，请大家说一说他们的方位。

黑龙江李卫平：

如一年级上学期我在教学单韵母a，o，e时，在新授环节我采用了猜谜的方式来教学这三个单韵母。一个小姑娘，扎个羊角辫，这是哪个字母？需要嘴巴张成圆形发音的，是哪个字母？它的倒影像只大白鹅，这是哪个字母？猜谜游戏激发了学生的兴趣和参与意识，使学生非常顺利地学会了这三个单韵母。

Q4：请与大家分享：您平时在练习中如何使用游戏化教学呢？

雪娇：

比如，在"认识大于号小于号"的巩固练习中我采用了"找朋友"的游戏。规则：两个小朋友手拿数字宝宝站在两边，其中一名小朋友选择好数学符号站在他们中间，选对的就可以得到两位好朋友。游戏可多组进行。

黄倩莹：
我之前的总结归纳教学都是比较呆板式或者灌输归纳式的总结，以教师为主，学生只是聆听者。虽然我尝试使用思维导图等工具，但课堂效果并没有那么有趣、精彩。我在教室开辟了一个空间，用于展示学生的作品，每个学生手上都有十张点赞的贴纸，他们不但可以点赞每一个作品，还可以用便利贴留言进行交流互动。最终得赞数最多的同学可以获得"鼎鼎大名小徽章"，而最精彩的点评者也可以获得"金玉良言小徽章"。

山东德州李海静：
在大学课堂中，教师可以组织竞赛，可以把游戏化教学过程中的精彩照片做成相册展示给大家，还可以通过课堂管理软件将分数以积分、勋章、排行榜的形式呈现。直接实时地反馈学生学习成果，能够调动学生参与的积极性。

黄莹：
我是一名大学生，我从大学生的角度来谈一谈教师将游戏带入大学课堂需要注意的几点。
第一，教师应该认真观察、分析学生的情况，不是每一个班的学生都适合同一款游戏。在前面的课程中，我们学过要根据不同性别和年龄层进行游戏设计，很显然，一个女生多的班级对打打杀杀等竞争性较强的游戏可能是不感兴趣的。我觉得可以在课程开始前做一个小调查，既了解学生的情况，又集思广益，看看大家对上课形式有没有好的建议。
第二，我个人认为在大学课堂上团队的建设更为重要，只有好的学习团队，才能更好地上课。所以，之前所说的课前准备阶段尤其重要。大学教师可以在开学初用一些破冰小游戏，并讲明整个学期的学习机制（如果将整个学期的学习当作一个大游戏则更佳，此时就要说明游戏机制），拉近学生与教师、学生与学生之间的距离，这样才能为后续的讲课提供更好的情绪支撑。
第三，诚然上面很多评论说到电子游戏对大学生的吸引力更强一些，但是这有利有弊，教师要注意引导，以免大学生染上网瘾，不能自拔。如果学生有能力，将之前提及的大型历史游戏作为课堂的一部分也是可行的。我们学校的经管学院有一款自己的游戏，是一款模拟经营公司的游戏，这个游戏首先需要进行小组分工，有总经理、销售、会计等多种角色，当随机出现一些状况时，小组成员要及时处理，最后考核各公司的盈亏状况。这是一款不错的游戏，确实值得学生在专业学习中使用。
第四，一些教师即使没有上述那么好的技术，不能使用电子游戏作为支撑，也可以通过建立长期而灵活的游戏机制来达到不错的教学效果，例如翻转课堂、积分制、排行榜等。作业评价形式应多样，如点赞、徽章奖励等。至于奖励，诚然，物质是比较有用的，但我觉得也不必太过于物质。教师适当的赞扬、肯定，以及给学生展示的机会等，都能产生很好的效果。例如，我们有一门关于"化妆品"的公选课，如果哪一个小组积分最高，就可以去某一知名化妆品公司参观、交流，这显然比奖励物质更有吸引力。
最后，说一句心底话，我觉得只要教师在课前先用心规划好，配以一些游戏化的策略，一定会有不错的效果，关键看教师是否用心。

第四章
游戏化教学在不同教学模式中的应用

○ **学习目标**

掌握游戏化教学在探究性学习中的应用
掌握游戏化教学在翻转课堂中的应用
掌握游戏化教学在合作学习中的应用

上周,小张老师在科研所收获满满。一周的时间过去了,她又迎来了中国教育协会教育游戏专业委员会之旅。每一种教学模式都有各自的优势,也都有一定的局限和适用范围。游戏化教学渗透着"乐中学"的精神,这无疑与探究性学习、翻转课堂、合作学习等教学模式相得益彰。该委员会的秘书长邀请了众多老师来探讨游戏化教学在三种教学模式中的应用,这为各位老师打造高效的课堂提供借鉴。

知识导图

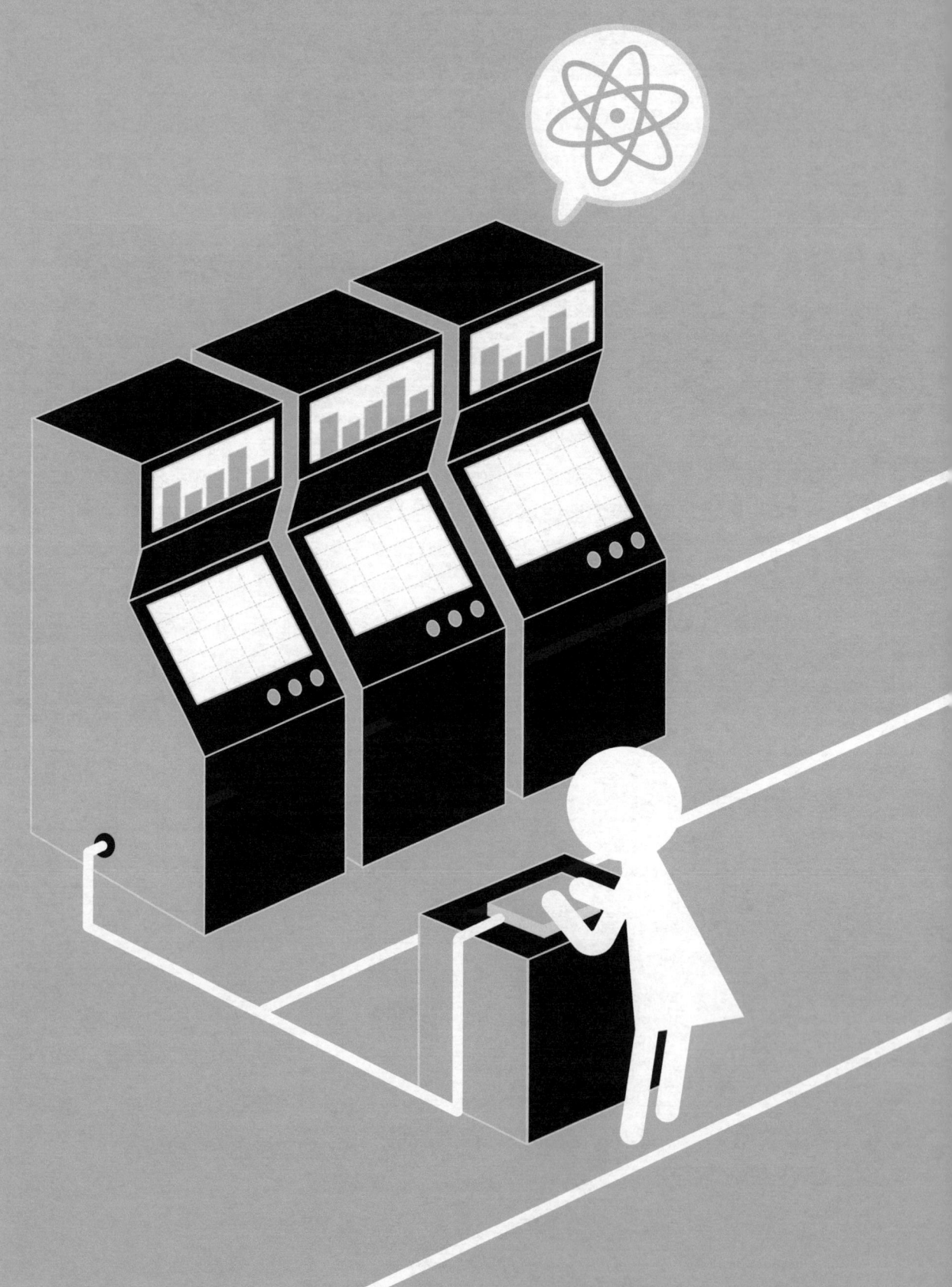

在探究性学习中的应用
案例：万以上的数

在翻转课堂中的应用
案例：对称
案例：激素调节

在合作学习中的应用
案例：成语复习
案例：汉字那些事

第一节 在探究性学习中如何进行游戏化教学

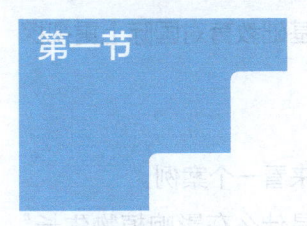

小学教师专业能力：发挥小学生主体性，灵活运用启发式、探究式、讨论式、参与式等教学方式。

随着我国课程改革的深入，探究性学习在今天的中小学教学中备受重视。而游戏和探究本身具有密切的关系，因此将游戏化教学与探究性学习结合之后将大有可为。

一、探究性学习

什么是探究性学习呢？探究性学习又称探究式学习、探究学习、研究性学习，是指学生在学科领域或现实生活中选择和确立主题，并通过独立自主地发现问题、实验、操作、调查、收集与处理信息、表达与交流等探索活动，获得知识，培养能力，发展情感态度与价值观，提高核心素养，特别是探索精神与创新能力的一种模式。探究性学习不仅指向学习知识，更强调在应用探究方法及相关知识的过程中形成探究能力，使学生在今后解决类似的问题时，能够在科学精神的指引下解决。探究性学习也是一种倡导学生的主动参与的积极的学习方式。

（一）探究性学习的起源与发展

探究性学习的提出者是美国当代著名的哲学家、教育家杜威。在1909年以前，大多数教育者认为科学教育的方法主要是通过直接教学让学生学习大量的科学知识、概念和原理。1909年，杜威在美国科学促进会的发言中第一次对当时教育家们提倡的科学教育的方法提出了批评。杜威在批评中说，科学教育过于强调信息的积累，而对科学作为一种思考的方式和态度没有予以足够的重视。他认为科学教育不仅仅是要让学生学习大量的知识，更重要的是要学习科学研究的过程或方法。他主张教学应当遵循以下步骤：设置疑难情境、确定问题、提出假设、制订解决问题的方案并实施。

杜威的批评对当时美国的中小学教学产生了一定的影响，一些中小学教师着手在实验室进行教学实践。直到20世纪五六十年代，教育家施瓦布指出，如果要学生学习科学的方法，那么有什么学习比积极地投入到探究过程中更好的呢？这句话对科学教育产生了深远的影响。施瓦布建议科学教师首先要到实验室去，引导学生体验科学实验的过程，而不是在教室里照本宣科地教授科学。

随着经济社会的发展，探究性学习越来越受到重视。20世纪末，全球掀起了一场课程改革运动，这种学习方式在美国、法国、德国、韩国等国家被大力推崇，并在课程组织中有所体现，如通过开设不同的课程或教学活动进行探究性学习。我国颁布的《普通高中课程方案（2017年版）》提出，综合实践活动由研究性学习、社会实践和志愿服务三部分组成。这是我国基础教育对国际上重视探究性学习的一种回应，也是对课程改革的要求。

（二）探究性学习的步骤及核心要素

探究性学习究竟是什么？该如何开展呢？我们一起来看一个案例。

在小学"科学"三年级下学期课程中，有一个"是什么在影响植物生长"的学习主题，其中有一项内容是"光对植物生长的影响"。该主题提出的问题是：光对植物生长有何影响？教材选用的实验器材是黑箱，实验材料是蒜苗，实验方案是用黑纸箱罩上蒜苗，不让阳光照到它，几天后再去观察蒜苗的生长情况。最后，学生得出结论：植物的生长必须要光。这个过程其实就是一个探究的过程。

学者们将探究的一般过程进行了总结和提炼，一般分为如下几个步骤。

（1）提出问题。在情境中提出问题并设计解决问题的目标。

（2）设计实验方案。根据情境和已掌握的知识设计实验方案，包括研究假设、研究方法与过程设计等。实验方案会受到客观条件，如人手、物质、实验环境等的限制。

（3）根据实验方案实施探究。在确定实验方案以后，根据目标将总任务进行分解。实施探究往往包括数据收集、整理、分析等环节，这也是检验假设的过程。

（4）得到结论。在分工探究结束之后，根据掌握的数据资料做出结论，撰写探究的结果。

（5）评价、交流与分享。

这五个步骤有三个核心要素：问题是探究性学习的目的，也是探究性学习的起源；探究性学习的过程是问题解决的过程，也是培养问题解决的能力的过程；问题解决过程非常重视交流和互动，既注重人与人之间的交流，也重视人与物的互动。

探究性学习的目标、过程和方法都有优点，人们对这种学习方式寄予了厚望，希望它能给中小学教学带来一些变化。如果按照探究性学习的步骤来实施教学，可能会取得较好的效果。而在我国的中小学教学实践中，探究性学习很难完全落实，尤其是在一些条件较差的学校。教材上要求学生亲手做的实验经常被教师当成演示实验，这使本身注重培养科学精神、掌握科学方法、体验科学探究过程的探究性学习成为死记硬背实验结论、旁观获得真理的"假"探究，最终学生的探究能力并没有得到提高。

二、游戏化教学在探究性学习中的应用

那么如何将游戏化教学应用到探究性学习当中呢？

（一）巧妙结合：让学习变得更精彩、更快乐

由庄少勇、蒋宇和董安美共同编著的《游戏化学习》指出：

游戏化探究性学习以体验学习理论为基础，以游戏为主要学习环境，其目的在于提高学生的学习兴趣，培养和发展学生的科学探究能力与合作学习能力。探究性学习是孩子们窥探未知缤纷世界的"导航仪"，而游戏化教学凭借它特有的富有激情和灵动的表达方式在探究性学习中为孩子们助力续航。我们可以想象：一群充满无限渴望、激情澎湃的青少年，在游戏化的探究性学习中，体验着学习的快乐并获得进步，这对教师而言将是一种怎样的幸福！

（二）寻宝之旅：三个阶段

游戏化教学与探究性学习形成了"星星之火，可以燎原"的互补关系。如果我们把游戏化探究性学习比作一次寻宝旅行，那么"寻宝"是旅行的目的，"探究"是旅行中未知的过程，而"游戏化"则是影响整个旅行进展效果的重要因素。

根据我国探究性学习的特点，游戏化探究性学习可分成三个阶段：自主学习阶段、合作探究阶段、总结分享阶段。

第一，自主学习阶段。在"寻宝"过程中，寻宝者首先锁定目标，在相关提示中初步尝试探宝体验，进入自主学习阶段。

第二，合作探究阶段。随着"寻宝"路程和时间的延长，寻宝者身体和心理的过度消耗，个体寻宝之旅逐渐陷入举步维艰的危险境地，这时团队的力量显得尤为重要。大家可以集思广益，共同确定最佳寻宝方案，在合作探究的过程中总结学习经验。在此过程中，组织者可以通过限定时间、约定寻宝的淘汰和优胜法则等手段增强"寻宝之旅"的竞技与趣味效果。

第三，总结分享阶段。寻宝者分享心得体会和积累经验，恰当的反思可以避免过于游戏化带来的偏离主题目标等问题，从而提升教学效果。

（三）让"游戏"在探究性学习中飞一会儿

在寻宝之旅的三个阶段中，探究性学习充分与游戏化教学融合：自主学习将学生的兴趣和注意力作为重心；随着难度的加大，学习渐渐进入合作探究阶段；在教师的巧妙指导下，课堂主题逐渐清晰，教师进而引领学生总结和反思探究学习过程，实现教学目标。

综上所述，游戏化教学与探究性学习二者关系紧密，只有将二者因时因事地有机结合，才能优化、丰富我们的教学方式。将游戏化教学恰当且灵活地运用到探究性学习中去，促使师生积极互动地快乐学习，这是游戏与教学有机整合的体现。学生们不但可以在探究中憧憬美好，还可以在游戏化探究性学习中充分感受主人翁身份的责任感和荣耀感，最终获得高效、优质的学习效果。

▶ **万以上的数** ● 案例

> **案例基本信息**

课程：浙教版《数学》四年级上册第五单元。

来源：鲍晨晨. 小学数学悦趣化探究学习之行动研究[D]. 杭州：杭州师范大学，2015.

> 教学目标及教学重难点

1. 教学目标

（1）知识与技能

说出万以上的计数单位；

认识万级和亿级的数，会根据数级正确读出万以上的数；

能用自己的话表达十进位制计数法。

（2）过程与方法

通过对大数读法的学习，初步形成数感；

经历大数读法的探究过程，锻炼解决问题的能力。

（3）情感态度与价值观

体验探索发现知识带来的快乐；

形成自主学习的热情和兴趣。

2. 教学重难点

（1）教学重点：认识数位顺序表、万以上数的读法。

（2）教学难点：大数中0的读法。

> 教学过程

"万以上的数"是浙教版《数学》四年级上册第五单元的学习内容，在教材的编排（十进制计数法、万以上数的读法与写法、三位数乘两位数、近似数）中起着基础性的作用。学生在二年级时，学习过三位数的读写、四位数的读写。本次的教学对象是四年级第一学期的学生。通过之前的学习和平时生活经验的积累，学生对万以上数已有一定的生活经验和认知基础，但是读出有0的大数仍存在困难。同时，学生在生活中也很难感知大数（比如，万以上的数）。走向探究的数学学习是《义务教育数学课程标准（2011年版）》的核心诉求之一。本课的教学设计旨在突显小学数学学习的趣味性和探究性。教学过程如图4-1所示。其中，第一部分主要以教育游戏的方式创设探究

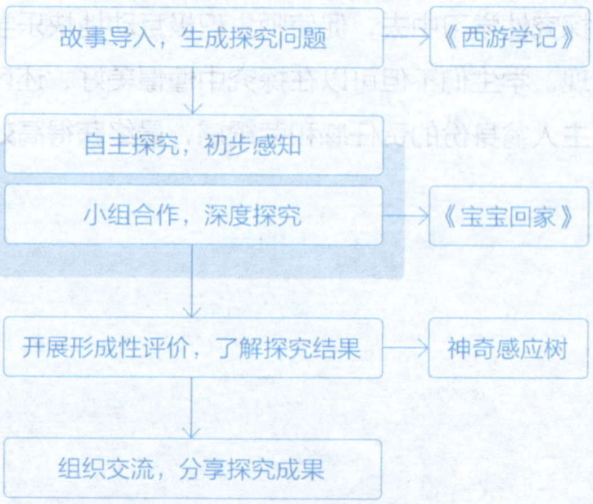

1 > 图4-1
"万以上的数"教学过程图

情境，生成探究问题，激发学生的兴趣与探究欲望。基于教育游戏《西游学记》的探究活动设计，学生经历探究过程，初步感知万以上的数。第二部分，教师通过教育游戏《宝宝回家》引导学生合作，从而解决问题，理解新知。第三部分，教师通过《快乐天音学堂》中的"神奇感应树"来帮助学生巩固新知，同时对学生探究性学习的过程进行形成性评价。最后，全体学生分享探究的成果。

1. 创设趣味性探究情境，生成探究问题

教师以教育游戏《西游学记》故事导入，激发学生兴趣。唐僧四个人在取经途中需要住宿。八戒在去投宿的过程中，遇到店家的刁难。店家要求八戒在棋盘上第一个格子里放 1 粒麦子，第二个格子里放 2 粒麦子，第三个格子里放 4 粒麦子，依此类推，一直到第 64 个格子。悟空告诉八戒需要的麦子数量巨大。教师以此激发学生疑问，同时回顾数位顺序表。

2. 经历探究活动，开展问题解决活动

（1）探究活动一：自主探究，初步感知。

学生根据熟悉的教学情境，自主提出探究问题：

① 什么是十进位制计数法？

② 亿以内有哪些计数单位？

③ 亿以内每相邻两个单位的关系怎样？

④ 亿以内的数位顺序是怎样的？

⑤ 亿以内的数级是怎样的？

（2）探究活动二：小组合作，深度探究。

探究万以上数的读法，例如：60 000、107 000、40 020 600。

出示问题：

① 含有亿级、万级的数，按什么顺序来读？

② 怎样读亿级、万级的数？

③ 什么位置的 0 不读？什么位置的 0 读，读几个？

四个人一组合作讨论交流，解决问题。教师借助教育游戏《宝宝回家》和数位顺序表帮助学生探究。教育游戏《宝宝回家》有 A、B、C、D 四扇门，只有一扇门能进入，其他门里藏有怪物，怪物会把宝宝吓跑。选择正确一次加 200 分；错误则减 100 分。

分小组汇报展示。

读法：从高位起，一级一级地往下读；在读亿级或万级的数时，在该数字后面加上"亿"或"万"；每级末尾的 0 都不读，当其他数位有一个 0 或连续有几个 0 时，都只读一个 0。

3. 开展形成性评价，了解探究结果

为了验证学生是否掌握万以上数的读法，教师继续通过教育游戏

《快乐天音学堂》中的"神奇感应树"对学生的掌握情况进行形成性评价。《快乐天音学堂》的复习巩固模块是"神奇感应树"。游戏人物闪罗只有正确回答出现的问题,才能顺利地找到五种器材,否则就会失败。

4. 组织交流,分享探究成果

师:"同学们,经历了整节课的探究活动,你想和大家分享你的探究经历吗?"教师通过组织交流与分享,为学生提供对探究过程与结果进行总结、反思的机会。

● 案例点评

本节课是浙教版小学《数学》四年级上册第五单元的学习内容。教师利用游戏对教学重点——大数的读法开展了探究性学习。这节课用三个游戏设计了四个学习活动,通过学生的自主探究,对大数的读法和十进位制计数法进行了学习,有效培养了学生的数感,是一节比较有代表性的游戏化教学案例。

专家点评
"万以上的数"

第一,巧妙使用游戏突破教学重难点。实际上,对于小学四年级学生来说,读出万以上的数是有难度的,在真实生活中他们可能也很少遇到万以上的数。这本来是一个难点,但在这节课开始时,教师就引入了《西游学记》,为学生的学习营造了一个非常亲切、自然的情境,既激发了学生的学习兴趣,又让学习内容与真实生活建立了联系。同时,在探究活动中,教师通过引入《宝宝回家》和数位顺序表,借助游戏穿针引线,衔接整个探究活动,让学生的探究性学习更加流畅自然,取得了不错的效果。

第二,恰当的反思总结会让探究更深入。游戏化教学的节奏往往是比较快的,很多游戏的沉浸感也比较强,学生可能会在游戏过程中忘记了学习初衷。但在这节课中,教师设计了一系列很有针对性的问题,在每个游戏活动结束后,都留给学生充足的时间,引导学生说出自己的发现、感想、意见和建议,避免教师把结论灌输给学生。学生在游戏化教学中学会反思和总结,使探究性学习的价值得到进一步提升。

第三,值得注意的是,游戏化教学的关键不是游戏,而是教学。教师要用游戏化思维来重新设计教学,要适当运用游戏,不能为了游戏而游戏。我们把游戏引入课堂,不光要把一些好用的游戏软件引进来,更重要的是把游戏精神渗透到学习活动中,寓教于乐,用游戏化思维来重新设计课堂,让孩子们在玩中学、做中学,从而获取对知识的更深层次的理解,这才是游戏化教学的真谛。

第二节　在翻转课堂中如何进行游戏化教学

① 何克抗. 从"翻转课堂"的本质，看"翻转课堂"在我国的未来发展[J]. 电化教育研究, 2014 (7): 5-16.

翻转课堂（flipping classroom，或译作"颠倒课堂"）在2007年被提出，2011年左右推广至全球。翻转课堂这种全新的教学模式倡导学生在家进行个性化学习，在家的学习主要实现知识的获取，学生按照自己的进度学习和练习，在遇到不会的问题时可以查看讲解，课上的学习主要实现知识内化，教师主要解决学生的个性化问题，更加关注学生获取知识的效果和能力。何克抗教授认为"翻转课堂"和"跨越式教学"之所以能取得显著成效，原因是一样的，它们都可以实现"课堂教学结构"的根本变革①，即改变"教师""学生""教学内容""教学媒体"四个要素的地位和作用。

一、翻转课堂

那么什么是翻转课堂呢？在翻转课堂中，教师将传统课堂中以讲授形式传递的课程内容，按照教学需要录制成课程视频，供学生根据需要在课前及后续学习过程中反复观看；学生在课堂中有更多的机会参与问题解决与合作学习等活动。翻转课堂的课前部分和课上部分都可以通过游戏化学习获得更好的支持，这样课前的学习不再枯燥，课上的学习也能获得更好的效果。

对于中小学生来讲，爱玩是他们的天性，将游戏化教学引入翻转课堂，借助游戏的特点，教师能创建更加富有吸引力的学习环境，从而能更好地激发学生的学习动机，取得更好的教学成效。

> 中学教师专业理念与师德：信任中学生，积极创造条件，促进中学生的自主发展。

二、游戏化教学在翻转课堂中的应用

游戏中的学生可以即时地将所学知识应用于"改造游戏世界"，这种体验、感受能增强学生的存在感和自我实现的愉悦感，能促进有意义学习的发生。那么，如果想将游戏化教学应用到翻转课堂中，该如何操作呢？

第一，课前部分。翻转课堂在课前让学生自主学习知识，教师为了在上课之前了解学情，可以选择设置一些检测题。但是这些检测题相对枯燥，教师如果运用Flash或者前面介绍的Scratch开发一些小游戏进行检测，效果将大大不同。

第二，课上部分。课堂上的表现，我们可以分为两点来讲解。

（1）引入和知识点相关的小游戏。当学生在课下完成自主学习后，教师通

常会在课堂上组织一些活动,检测学生对知识的掌握情况。那么这时候,游戏化的方式就是很好的方法。在后面的案例《对称》中,胡老师通过生动的小游戏,让学生指出哪幅图是对称图形,以此了解学生对"对称"的掌握情况。

(2)激发动机与实施奖励策略。在商业游戏当中,奖励方式非常多样,例如装备、武器、服饰、虚拟货币、勋章和排行榜等。教师在课堂上完全可以借鉴这些方式,这个环节需要师生互动和生生互动,教师可以通过积分、勋章和排行榜的方式来激发学生的学习动机。

大家有没有觉得轻松的游戏方式实现了检测知识点的作用呢?另外,值得注意的是,在游戏化教学中反思总结是至关重要的一环。

▶ 对称   ●案例

> 案例基本信息

   课程:京版《数学》第四册。

   教师:北京市顺义区第一中学附属小学胡明玉。

   来源:教育部-联合国儿童基金会"教师教学方式变革促进农村地区小学生学习能力发展"项目。

> 教学目标及教学重难点

   1. 教学目标

   (1)能联系生活中的具体物体,初步体会生活中的对称现象,能在实物和平面图形中识别轴对称图形。

   (2)通过观察、操作活动,培养探索与动手操作的能力,能用一些方法画出轴对称图形。

   2. 教学重难点

   (1)教学重点:认识轴对称图形。

   (2)教学难点:能识别轴对称图形;能正确画出对称图形的对称轴。

> 教学过程

   "对称"是京版小学《数学》二年级的学习内容,轴对称图形与平移和旋转一样,也是对图形进行变换的方法之一。教材从学生熟悉的事物入手,让学生初步感知生活中的对称现象,进而认识简单的轴对称图形和对称轴,这为学生今后进一步探索简单图形的轴对称特性,把握简单图形之间的轴对称关系以及利用轴对称方法对图形进行变换或设计图案打好基础。教学过程如图4-2所示。

   1. 课前部分[①]

   (1)观察图片,初步感知。

   在看本节课的学习视频前,小组成员一起仔细观察天安门、人民大会堂、白宫的图片,思考并讨

---

① 注:由于二年级学生年龄较小,自主学习能力相对较弱,因此课前的学习部分安排在自习课进行。教师在场进行辅导和自学把控,学生可根据自己的需要反复观看教学视频。

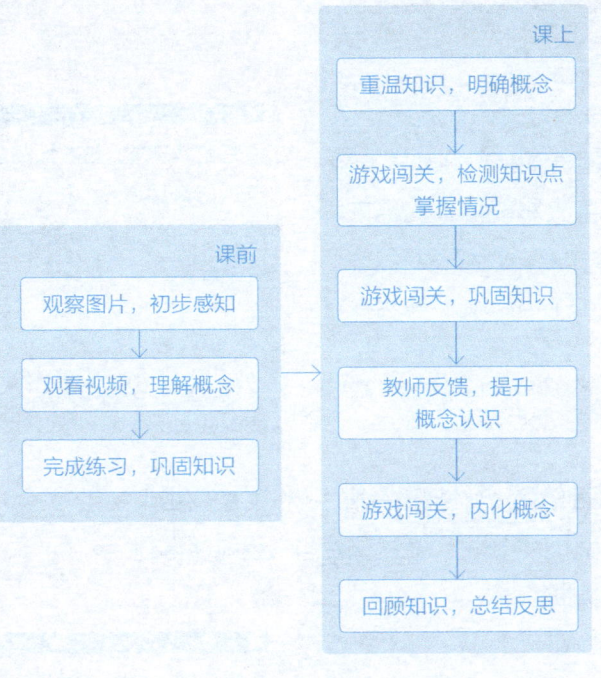

图4-2 "对称"教学过程图

论：这三个建筑有什么共同特点？

（2）观看视频，理解概念。

学生观看本节课的教学视频。视频内容如下。

① 实物导入：教师通过展示学生身边常见的事物，将对称图形与非对称图形进行分类展示，让学生初步建立对称的概念。

② 明确对称的概念，讲解对称的作用，展示普遍存在的对称图形。

③ 动手操作，讲解怎么剪一个对称图形。

④ 展示身体的对称性，摆出的对称动作。

（3）完成练习，巩固知识。

第一，请在0、1、2、3、4、5、6、7、8、9中找出对称的数字。

第二，小组合作，设计小组的对称标志。

2. 课上部分

（1）重温知识，明确概念。

师：同学们，课前我们已经看了"对称"这一课的教学视频，现在老师收集到上节课的一些优秀作业，请大家欣赏一下。（展示作业。）

师：这几位同学的作业很棒，老师相信咱们班还有更棒的。现在有两个问题需要大家通过小组合作讨论完成，如果遇到不明确的地方，可以重新看视频找答案。

问题1：什么是对称？

问题2：你身边的对称现象有哪些？

（2）游戏闯关，检测知识点掌握情况。

第一关：开火车，找对称。

游戏规则：学生以开火车的方式回答问题。请学生仔细观察这些字母是不是对称的，如果是，要回答它的对称轴在哪里。如果火车能够顺利结束，则所有成员都得一颗星；如果中断，则都不得星。

该游戏灵活多变，能被广泛使用，如"开火车，读词语""开火车，背唐诗""开火车，做口算"等。

> **设计意图**
> 设置游戏环节，旨在检测学生对"对称"概念的掌握情况。在游戏中常出现一些相同方向的图片，有助于学生对概念的深化理解。

（3）游戏闯关，巩固知识。

第二关：照镜子游戏。

游戏规则：在房间内有4面镜子，判断镜子中的哪个形象是和人物相对称的，点击你认为正确的那面镜子。最先获胜的一组能够得到7颗星，第二名6颗星，以此类推。

（4）教师反馈，提升概念认识。

师：在图4-3中到底哪个图像才是这位小男孩在镜子中的形象呢？答案很明显，是B镜子中的。谁来说说为什么呢？

现在有一个更难的图形，我要考一考大家。

在图4-4中到底哪个图像才是这位小女孩在镜子中的形象呢？为什么？

> **设计意图**
> 教师反馈，旨在通过提问，促进学生思考，进而抓住对称图形的关键所在。

照镜子

1＞图4-3 照镜子小游戏截图（小男孩）
2＞图4-4 照镜子小游戏截图（小女孩）

> **设计意图**
>
> 教师通过《对称点点》的游戏，让学生将对称知识进行内化，发现对称轴可以是横着的，也可以是竖着的，明白要玩好游戏，就得进行多种判断；还可以让学生动手去创造出一些对称图形。

（5）游戏闯关，内化概念。

第三关：电子游戏《对称点点》。

游戏规则：游戏每一关卡都已经在一边设置好对称方格，大家需要在另一边找出对称的方格，找出后一定不要忘记滑动下面的黄色部分，解锁下一关。规定时间为3分钟，总分最高的小组获胜。最先获胜的小组可以直接得到7颗星，第二名得6颗星，以此类推。

师：《对称点点》大家都玩得很好了，现在这些小点点们来到了我们的课堂，咱们能帮助它们快快回家吗？现在请几位同学来讲台上帮助小点点们回家。

（6）回顾知识，总结反思。

师：这节课马上就要结束了，大家有什么收获？有什么想对老师和同学说的？可以结合课前的学习和课上的游戏来和大家分享一下。

在课程结束时，全班评选出本节课的"课堂明星小组"。

● **案例点评**

如何利用游戏开展翻转课堂？以上"对称"教学为我们提供了一个比较好的案例。胡老师先使用视频引入对称的概念，利用各种图片帮助学生将具体事物与抽象概念建立起联系，然后，采用照镜子等游戏和多种激励元素的设计，使学生始终处于积极主动的状态，以更好地完成课堂学习活动。对于这节课，我们有以下几点认识。

第一，翻转课堂不仅是教学环节的翻转，更重要的是学生角色的翻转。在传统教学中，教师讲、学生听，学生往往会处于比较消极的状态。在翻转课堂中，学生从被动地听讲变成积极主动地探索，这其实才是翻转课堂的精髓所在。胡老师这节课，采用开放的问题设计，鼓励学生不断地尝试，利用游戏的支持，促进学生深入参与，从而实现了课堂真正的翻转。

第二，要将游戏与知识相融合，这节课所选的游戏都很有针对性。照镜子游戏与课程内容联系紧密，再加上在竞争、合作、挑战等游戏机制的激励下，学生按照所学的内容进行大胆尝试，每个小组都充分地参与，通过组内合作、组间竞争，扎实地掌握了"镜面对称"的概念，增强了辨析能力。一个原本枯燥、易错的概念，在游戏的支持下变得轻松而有趣。

当然，这节课也有一些不足。翻转课堂是有备而来的课堂，学生已经借助视频自学了，掌握了基础性知识，课上教师要给学生留足时间，要在充分的互动中加以提升，所以游戏的设计一定要考虑教学实际，游戏设计要避免重复，区分层次，实现高水平的教学。

▶ **激素调节**　　　　　　　　　　　　　●案例

> **案例基本信息**

课程：人教版初中《生物学》七年级下册。

教师：青岛第二十六中学孔恬恬。

来源：教育部-联合国儿童基金会"教师教学方式变革促进农村地区小学生学习能力发展"项目。

"激素调节"课堂实录

> **教学目标及教学重难点**

1. 教学目标

（1）知识与技能

① 说出人体内分泌腺的特点、种类和它们所分泌的激素。

② 举例说明人体激素如何参与生命活动的调节。

③ 阐释激素调节与神经调节的关系。

（2）过程与方法

① 能运用列表比较的方法分析内外分泌腺的区别、主要激素的功能及分泌异常时的表现。

② 通过模仿临床观察和尝试设计对照实验，体验探究激素作用的基本方法。

（3）情感态度与价值观

① 树立敢于质疑、勇于创新的科学态度。

② 通过了解班廷发现胰岛素的故事，感受科学研究的伟大成就和科学家勇于探索、不为名利的科学精神。

③ 通过了解部分激素分泌异常时的表现，增强珍爱生命的意识。

2. 教学重难点

（1）教学重点

① 人体内分泌腺的特点、种类和它们所分泌的激素。

② 几种激素的主要功能及分泌异常时的表现。

（2）教学难点

① 尝试设计对照实验，探究某种激素的功能。

② 根据内外分泌腺的特点判断腺体类型。

③ 胰岛素的主要功能及分泌异常时的表现。

> **教学过程**

这是人教版《生物学》七年级下册第四单元第六章"人体生命活动的调节"中的第四节内容。人体生命活动的调节由内分泌系统和神经系统共同完成，这部分内容是在"人体的神经调节"的基础上，介绍人体主要的内分泌腺及其分泌的激素的，并重点介绍几种激素对调节生命活动的意义。教材将激素调节放在本章的最后，目的是强调人体生命活动首先受到神经调节的影响，其次才是激素调节，这样能使学生对全章"人体生命活动的调节"有一个更加全面和深入的认识。

大多数七年级学生已进入青春期，身体发生了明显的变化，对性激素的相关知识已有所了解，对日常生活中一些现象有强烈的好奇心，对激素调节具有很强的求知欲望，学习的主动性较强。他们虽然对激素调节有一定的认识，但对人体激素如何参与生命活动的调节却知之甚少，还缺乏一定的抽象思维能力，这需要教师使用一定的手段将抽象问题进行直观展示，由浅入深地引导学生对这个问题进行思考，潜移默化地渗透思维训练，培养学生的高阶思维能力，有效突破教学难点，达成教学目标。学生设计探究实验的能力有限，尚无法独立完成关于"尝试设计对照实验，探究某种激素的功能"的教学内容，需要教师组织小组合作探究活动来解决这个问题。此外，教师通过分析云平台自测数据发现部分学生在准确判断腺体类型和记忆主要激素的作用方面遇到一定的困难，题目失分率较高，需要教师在课堂活动中重点讲解。学生在激素调节与神经调节的关系方面也存在一定的困惑，教师可引导学生举出生活中的实例进行详细的分析，以突破此难点。教学过程如图4-5所示。

1. 课前自学阶段

（1）自主学习资源

资源一：人教版《生物学》七年级下册。

资源二：根据对教学目标的分析及学情分析，教师录制了三个微视频，分别对应"内分泌腺的特点和种类""激素的作用""神经调节和激素调节的关系"三个知识点。

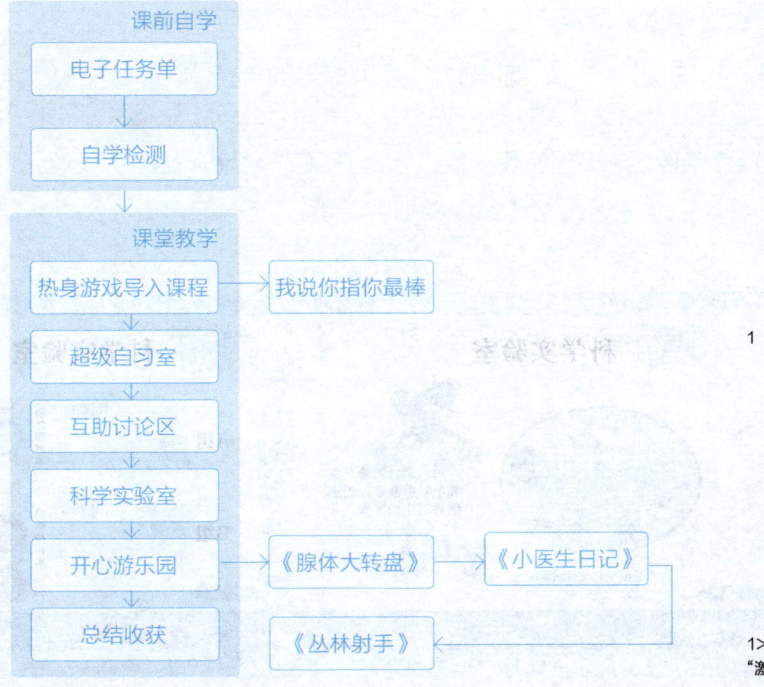

图4-5 "激素调节"教学过程图

（2）电子任务单

教师在云平台中设置电子任务单，帮助学生明确教学目标，利用问题引导学生阅读教材和观看微视频。学生可以通过提交学习疑问的窗口进行提问。

（3）自学检测

自学检测共12道选择题，学生在云平台上完成测试后可以立刻看到分数和正确答案，准确了解自身的学习情况，调整自学策略。所有检测题都是教师根据知识点精心挑选的，按照知识点和难度分层，学生的完成度体现出他们对某一知识点的掌握情况。

2. 课堂教学阶段

（1）热身游戏导入课程

① 组织游戏活动：我说你指你最棒。

② 规则：学生两个人一组，根据教师指令拍手，教师按节奏喊出"我说你指你真棒，我说你指甲状腺……"。每次说到腺体的名称，学生要立刻用手指出身体相应位置并说出激素名称，慢者被淘汰，幸存者获胜。

教师引导学生思考：人体在参与这项活动时，主要受到哪个系统的调节？教师根据学生的回答（人体的生命活动主要受到神经系统的调节，还受到激素调节的影响），引出本节课题"激素调节"。

（2）超级自习室

教师查看学生课前上传到电子书包作品库的自学笔记，选出具有示范性的笔记推送到PAD端供学生浏览学习；组织学生谈自学收获，展示学生疑问和自测题反馈。

（3）互助讨论区

教师将自学反馈中需要共同解决的问题推送到各组组长的PAD端，由组长带领队员讨论，找出疑问背后的知识点，用学到的知识解决问题。

（4）科学实验室

由于实验材料等条件限制无法开展实验，教师开发了一个科学实验室的程序（图4-6）。学生分组合作完成模拟实验设计，分析变量

1>图4-6
《科学实验室》截图

设计意图

此游戏是围绕"根据内外分泌腺的特点判断腺体类型"这个教学难点而设计的。学生通过随机抽图,快速判断内外分泌腺,在与同伴的良好互动下,用游戏活动调动参与学习的热情和积极性,在轻松、愉快、积极的环境下进行学习,促进知识的进一步内化。

设计意图

此游戏是围绕"分析主要几种激素的主要功能及分泌异常时的表现"这个教学目标设计的。这部分内容较多,记忆起来较枯燥,通过游戏中的角色扮演活动,学生可以将琐碎的知识点——内化。通过对这部分知识点的内化,学生能体会到激素在参与生命活动调节中的重要作用,从而有效突破本节课的教学重难点。

设计意图

将达标测试题用游戏情境进行表现,大大增强了学生的兴趣,改善了学生的做题体验。学生做题的数据可以在第一时间内反馈,教师可快速掌握学生本节课的知识学习目标达成情况,把握学生的学习效果。

的控制方法,掌握探究实验设计的一般原则。

(5)开心游乐园

游戏1:《腺体大转盘》

全班两个人一组,小组成员利用教师设计开发的《腺体大转盘》随机抽取人体的腺体图片,向同伴说出腺体类型及分泌物,轮流完成,说错停止,计算1分钟内每人成功完成的次数。

游戏2:《小医生日记》

学生利用教师设计开发的《小医生日记》游戏(图4-7)体验实习医生在医院分泌科的工作,医生要根据患者患病原因判断疾病,回答正确加分,限时1分钟,按照积分授予不同等级称号,最高等级是医院院长。

游戏3:《丛林射手》

学生在游戏情境中全部答对五道达标测试题即可通关(图4-8)。教师在PAD终端可以及时收集测验数据,进行有针对性的指导。

(6)总结收获

教师出示本节课学生需要达到的目标,先给学生半分钟时间静心反思,然后通过投票统计学生对自己目标达成度的评价,鼓励学生进一步开展学习活动。

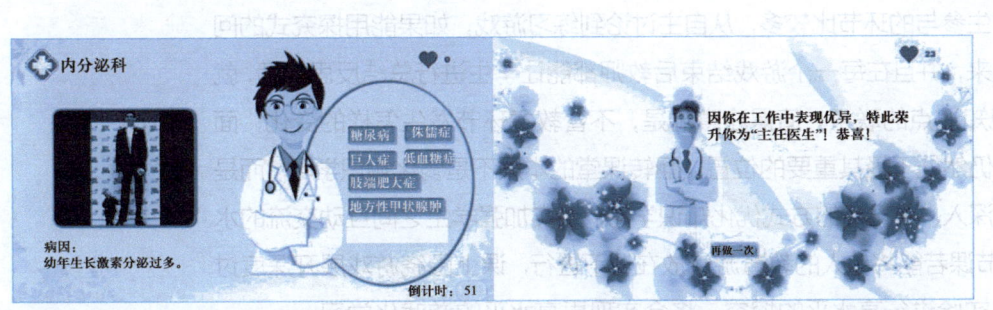

《小医生日记》游戏说明

1>图4-7《小医生日记》游戏截图
2>图4-8《丛林射手》游戏截图

案例点评

生物学是一门研究生命现象和生命活动规律的科学,能帮助学生领悟科学的本质。该课程应引导学生主动参与、勤于动手、积极思考,逐步培养学生收集和处理科学信息的能力、获取新知识的能力、分析和解决问题的能力,以及交流与合作等能力,还要突出创新精神和实践能力的培养。"激素调节"这节课将游戏融入翻转课堂教学中,充分借助信息技术手段促进师生互动。下面从四个方面对该案例进行分析。

1. 课前自学

七年级学生对激素有一定的认识,好奇心较强,且有一定的自控能力,所以本节课使用翻转课堂教学模式,让学生通过教材和微视频自学激素调节的基本知识,教师根据云平台反馈的练习情况把握学生的知识漏洞。

2. 课堂教学

本节课先通过"我说你指你真棒"小游戏来调动学生兴趣,让学生集中注意力快速进入课堂,并且游戏是对课前自学的回顾。接下来的"超级自习室"和互助讨论环节主要解决学生课前学习的疑惑。至此,新知识的学习基本完成。在模拟实验室中学生是探究者的角色,其后的《腺体大转盘》《小医生日记》《丛林射手》游戏是根据不同的教学目标为巩固练习知识点而设计的,其亮点在于每个学生都可通过终端设备参与,而且教师在《丛林射手》游戏中可以直接看到学生的练习数据。

本节课所用的教育游戏充分体现了电子教育游戏不可替代的特点,如《小医生日记》能呈现多种生病情境,《丛林射手》能提供及时反馈,并且这些游戏都具有很强的可移植性。

3. 教学衔接

本节课学生参与的环节比较多,从自主讨论到练习游戏,如果能用探究式的问题将其串联起来,并且在每一个游戏结束后教师都能让学生进行总结反思的话,就能更好地体现知识点的联系。值得注意的是,不管教学环节发生怎样的变化,面向知识的学习仍然处于极其重要的位置,翻转课堂的本质不是弱化知识学习,而是用更生动、更深入、更灵活的方式优化知识学习,切实加强学生之间互动交流的水平和深度。本节课若能将单人的教育游戏放在课下进行,课上围绕游戏展开深度讨论,并就虚拟实验进行高水平的探究,将会实现更高水平的游戏化学习。

4. 教学结构

这节课把游戏与翻转课堂进行了结合,结合点选择得很好,设计得也很巧妙,下一步可以尝试对传统班级授课制进行改造,将整齐划一的教学转变为更加开放的差异化教学,打破40或45分钟的固定课时安排,跨越学科之间的界限,让学生真正成为学习的主人,更好地体现翻转课堂所蕴含的变革力量。

第三节　在合作学习中如何进行游戏化教学

合作学习在20世纪70年代初兴起于美国，并在70年代中期到80年代中期取得实质性进展，是一种富有创意和实效的学习理论与策略。《国务院关于基础教育改革与发展的决定》提到了合作学习：鼓励合作学习，促进学生之间的相互交流、共同发展，促进师生教学相长。游戏的本质是互动，其中刺激与反馈是互动的两个重要因素。用游戏化思维来开展合作学习，也就是将更强的互动性带入合作之中。通俗地讲，合作需要每个小组成员积极地参与才能达到良好的效果，及时反馈将带给成员更高的积极性，促进成员更投入地合作，这样才能实现深层次的合作学习。

让我们想象这样一个场景：小组讨论某道题还有哪些解法，有想法的同学忘我地讲解，听不懂的同学专心地看着讲解的同学，但是他什么都没想。这种并不成功的合作学习如果融入游戏化教学，可能会变得不一样。

不同的学者对合作学习的定义各有不同，合作学习代表人物——斯莱文教授，他认为，合作学习是指学生在小组中从事学习活动，并依据他们整个小组的成绩获取奖励或认可的课堂教学技术。

一、游戏化教学应用于合作学习的优势

我们这里谈一下游戏化教学和合作学习的关系。游戏化教学与合作学习之间是相互促进、1+1>2的关系。我们不妨将游戏化教学看作一盒水彩笔，合作是一幅尚未着色的图画，在黑白线条中填充斑斓的色彩会使图画更加深入人心。那么这里的"深入人心"体现在哪些方面呢？

第一，学生有更多的主动表达的机会。加入游戏化教学使教师原本很担心的"搭便车"的情况得到了缓解。因为游戏能调动学生的积极性，使学生在小组合作的过程中处于一种积极主动的状态，在小组合作的过程中也有了更多表达的机会。

第二，增强了学生的自信心。游戏的氛围是相对轻松的，学生可以很自在地开展合作学习，不用担心因为出错而受到嘲笑。在以往的学习当中，小组合作多是"优等生撑台面"，但是在游戏化教学当中，非优等生的动手能力和策略应用的智慧有时反而会起到关键作用，这能提高非优等生的自信心。

二、游戏化教学在合作学习中的实施步骤

游戏化教学在合作学习中的应用一般有四个步骤。

第一，教师介绍游戏规则（游戏所对应的教学目标由教师来制订，游戏规则一般也由教师来设计），小组研究游戏规则。教师说明积分规则，为组间竞争奠定基础。

第二，小组进行游戏预热，预热之后教师带着学生反思如何能获得更好的成绩（这一部分的时间可以短一些）。

第三，正式比赛。因为组间竞争的存在，小组成员通常都比较有团队荣誉感，能够为了共同的目标积极地参与活动。

第四，比赛结束，教师宣布比赛结果，并组织学生进行反思。

游戏化合作学习非常注重反思这个环节。反思是确保学生学有效果的有效方法，这让游戏不仅仅是游戏，还具备更多的教育价值。

三、游戏化教学在合作学习中的应用方式

游戏化教学在合作学习中有三种应用方式。

第一，如前所述，合作学习如果加入了组内合作、组间竞争这样的设置，其实就是游戏化的表现。竞争和合作都是我们所说的游戏化教学中非常重要的元素。

第二，大家可以根据知识点来设计一些传统的小游戏，比如，在一节成语复习课上，教师将"成语对对碰"这个游戏引入到合作学习中，增强了小组成员合作学习成语的趣味性。每个小组拥有一定数量的卡片（20张），每张卡片一个字。在5分钟内，学生利用这些分散的字拼出四字成语，然后贴在黑板上。每个小组成功拼出一个成语将获得一个笑脸。在规定时间内，获得笑脸最多的小组即为优胜组。这个游戏的竞争与合作氛围十分浓厚，同学们参与感强，既可以培养组内合作精神，也可以通过组与组之间的游戏竞争提升学习成语的积极性与学习乐趣。

第三，教师根据知识点亲自设计开发小游戏，例如，在"激素调节"这堂课的教学设计中，教师加入"互助讨论区"与"科学实验室"的学习环节，前者将自学反馈通过网络推送给各小组，各小组将课前疑问各个击破，这样加快了课程进度，提高了学生对教学内容的理解；后者为小组模拟探究提供便利。小组成员集思广益，共同设计对照实验以验证甲状腺激素能促进蝌蚪的生长发育的结论。程序中动画的互动性和趣味性大大提高了学生的合作学习兴趣，使其能快速掌握设计实验的一般原则，突破了本节课的教学难点。

另外，教师还可以尝试组织学生辩论。辩论是比较有效的合作学习方法之

一，而且根据我们对于游戏化的理解，辩论也是游戏形式的一种。因此，辩论作为游戏化合作学习的一种方式，不但可以提高学生的推理水平和理解层次，还能巩固其所学的内容。

综上所述，我们要让学生舒服地玩、愉快地学、友好地合作，就要认真思考如何将合作学习与游戏化教学做到更完美地搭配，为学生设计出可行的游戏化合作学习课堂！

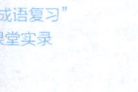

▶ 成语复习　　　　　　　　　　　　　　　　　　　　●案例

> 案例基本信息

课程：京版小学《语文》教材五年级上册。

教师：北京市顺义区杨镇中心小学孙超。

来源：教育部－联合国儿童基金会"教师教学方式变革促进农村地区小学生学习能力发展"项目。

> 教学目标及教学重难点

1. 教学目标

（1）能够正确书写"千姿百态、大模大样、千奇百怪"等20个成语。

（2）喜欢成语，有主动积累成语的愿望。

（3）了解成语的基本用法，愿意在具体的生活情境当中，有选择地运用成语。

2. 教学重难点

（1）教学重点：学生能够准确写出20个成语。

（2）教学难点：学生能够恰当地运用成语。

> 教学过程

成语是词语的重要组成部分，它语言精练，结构严谨，含义深刻，富有表现力，被人们长期使用。成语在语言交际中的使用率很高，正确认识和运用成语，是对小学生语言运用的基本要求。小学低年级阶段成语呈现的形式多样、内容分散。三年级的学生在语文学习和生活中已经积累了一定量的词语，但是容易遗忘一些使用频率较低的成语，而且对多数成语的意思理解得不够深入，误用成语的情况经常发生。究其原因在于，成语学习比较分散，学生又缺乏系统归类的能力，因而学生在脑海中积累的成语杂乱无序。为了帮助学生系统地梳理、学习成语，提高恰当运用成语的能力，也为了帮助学生今后进一步学习语言、提高文学素养奠定基础，本节课把第1—3单元的成语内容进行了整合，以游戏的形式为学生提供一节寓教于乐的成语复习课。教学过程如图4-9所示。

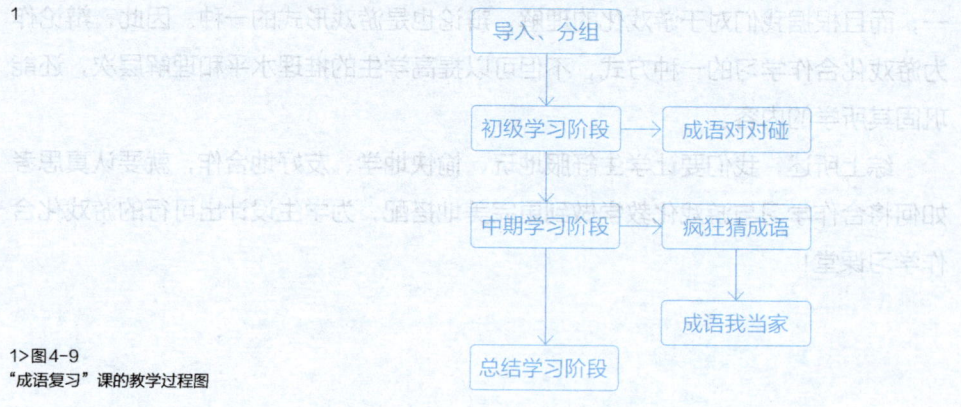

图4-9 "成语复习"课的教学过程图

1. 导入、分组

师：中华民族有五千多年的悠久历史和灿烂文化，祖先为我们留下了丰富而又宝贵的文化遗产。语言就是其中之一，成语是这个语言宝库中的瑰宝。成语蕴含的内容很丰富，表现力很强。我们在说话或写文章时恰当地运用成语，可以使语言增色添彩、生动形象。同学们学了不少成语，平常也积累了一些，这节课，我们就来漫游成语王国，复习成语的有关知识，学习怎样正确使用成语，根据学习成果选出成语大王，大家可要加油了！

学生分为5个小组，每组6名学生，具体可根据班级人数调整。

2. 初级学习阶段：游戏闯关，复习成语

第一关：成语对对碰。

（1）游戏规则：每个小组共有20张卡片，每张卡片一个字。在5分钟内，学生利用这些分散的字拼出四字成语，贴在黑板上。

（2）积分计算：在规定时间内，每个小组成功拼出一个成语即获得一个笑脸。

（3）注意事项：注意维持纪律，提醒学生注意安全（因为学生在游戏中要上讲台，有些学生为了抢时间可能会比较着急）。如果出现大声喧哗的现象，将扣除本组5分。

（4）成语归类：教师引导学生说出同样类型的成语。

ABAC形式：大摇大摆、大模大样、一心一意、人山人海……

AABB形式：堂堂正正、风风火火、马马虎虎……

与千万有关的成语：千姿百态、成千上万、千奇百怪……

与数字有关的成语：五颜六色、七嘴八舌、五彩缤纷、一清二白、五光十色……

与动物有关的成语：亡羊补牢、千军万马、马到成功……

总结：教师引导学生体会其中的关键字所表示的意思。（该环节不计分。）

（5）在游戏后，教师向学生讲解成语概念。

3. 中期学习阶段：游戏闯关，复习成语

第二关：疯狂猜成语。

（1）游戏规则：每轮各小组派一名学生猜成语（该学生站在讲台上，背朝黑板）。教师在黑板上出示有关成语的图画，台下的学生不能说出成语或成语中的字，利用动作或语言，让台上学生猜出成语。

（2）积分计算：猜出一个成语获得一个笑脸图案。

（3）注意事项：在描述词的时候不能直接说出想到的成语，而且不能完全重复成语释义，要遵守游戏规则。

第三关：成语我当家。

（1）游戏规则：根据教师所出示的图片，学生用一句话进行描述，至少要用上一个成语。

（2）积分计算：用对一个成语获得一个笑脸图案。

4. 总结学习阶段

（1）游戏积分计算，评出"成语大王"。

总积分最高的获得"成语大王"称号，教师可根据其他小组的特点，给予相应的语言鼓励。积分记录方式如表4-1所示。

表4-1 积分记录表

环节	第一组	第二组	第三组	第四组	第五组
成语对对碰					
疯狂猜成语					
成语我当家					
总计					

（2）教师总结，学生分享学习体会。

师：准确运用成语，能增强语言的表达效果。不断积累并梳理所学成语，是我们学习语文的重要方法之一。请用一句或几句话总结今天这堂课，至少要用上一个成语。

学生用成语描述自己的体会。

师：（指着板书讲）成语有很多类型，不同的类型来源不同、表意方式不同。成语文化源远流长，在今天依然有着无比鲜活的生命力。它来源于生活，用之于生活，只有学以致用，才能让成语之花永远美丽！成语还有一些奥秘等着我们去探索，去发现。希望同学们课下能够多积累好的成语，把我们祖国的文化发扬光大。

● **案例点评**

本节成语复习课主要分为三个阶段：复习、拓展巩固、应用。学生通过游戏活动在游戏中完成了每个阶段的任务。

第一个阶段，复习。教师利用"成语对对碰"游戏，让学生动手摆出成语，调动学生已有知识。这一阶段贯穿了"做中学"的理念，教师趁热打铁，引导学生对成语进行归类，领会成语含义，建立新旧知识的联系，小组成员群策群力，完成任务。

第二个阶段，拓展巩固。教师让学生进行头脑风暴，在分享中拓展了学生的成语词汇量。这一阶段使用了有趣的"疯狂猜成语"游戏，使参与游戏的学生双方都能通过游戏巩固成语。

第三个阶段，应用。教师组织学生使用成语描述图画情境，充分调动了学生积极性。

三个阶段的游戏活动设计有激励、有挑战，在完成每个任务后，学生会获得积分，这种竞争与合作是本节课游戏活动得以成功的重要支撑，使学生在竞争和合作中实现知识的学习与迁移。

最后，值得思考的是，游戏化课堂多以学生为中心，学生在自主性得以充分发挥的课堂上往往会形成新的想法、观点，无论对错都值得教师思考。比如，当学生说出"五十步笑百步"这样的非四字成语时，教师要引导学生拓展认识，了解成语种类的丰富多彩和成语的博大精深。

▶ **汉字那些事儿** ●案例

> **案例基本信息**

课程：人教版小学《语文》五年级上册综合性学习"遨游汉字王国"。

教师：重庆市九龙坡区鹅公岩小学杨丰忆。

来源：教育部-联合国儿童基金会"教师教学方式变革促进农村地区小学生学习能力发展"项目。

> **教学目标及教学重难点**

1. 教学目标

（1）培养对祖国语言文字的自豪感，提高对祖国语言文字的责任意识。

（2）通过了解谐音字的特点，体会汉字文化的丰富。

（3）通过字谜竞猜体验汉字的趣味。

2. 教学重难点

（1）教学重点：激发学习汉字的兴趣，培养对汉字的热爱，同时了解汉字音、形、义的特点。

（2）教学难点：了解汉字，并提炼出谐音字的特点；培养对汉字的热爱。

> 教学过程

围绕"遨游汉字王国"这个主题,教师引导学生进行综合性学习,初步了解汉字的特点和发展历史,加深学生对汉字和中华传统文化的感情,提高正确运用汉字的自觉性。同时,教师结合重庆市九龙坡区"品质课堂六元素"中的"趣乐性""全然性""化成性",设计了本节综合性活动课,让孩子们在玩中学、做中学。五年级学生已经进入小学高年段的学习,大部分孩子拥有较强的自主学习能力。特别是对于汉字的学习,从二年级开始学生就驾轻就熟了。所以高年段的汉字教学不能停留在简单机械地识记个别生字教学上面,而是要深层次地剖析汉字的特点,系统化地分析汉字,以强化学生对汉字的情感,激发学生对汉字的浓厚兴趣,开辟学习汉字的新天地。教学过程如图4-10所示。

设计意图 ▶
以竞答的方式约束孩子们带着思考和记忆观看动画片,并从中提取有用的信息加以识记。

1."汉字知多少"竞答

师:孩子们,你们知道自己的国籍吗?作为中国人,咱们说的是中国话,写的是汉字。我们平常看书、读报、写信、作文,都离不开汉字。关于汉字,你了解多少呢?咱们先来看一部短片,之后根据短片内容进行有奖竞答。

播放汉字宣传短片,用PPT出示关于汉字的问题。

教师倒数三、二、一,最先举手者抢答成功,如回答正确则为本组获得2颗星。

2. 游戏大比拼

师:大家都知道了解一个汉字必须从三个方面入手:音、形、义。咱们今天就从这三个方面来了解汉字!我们都知道汉字的字

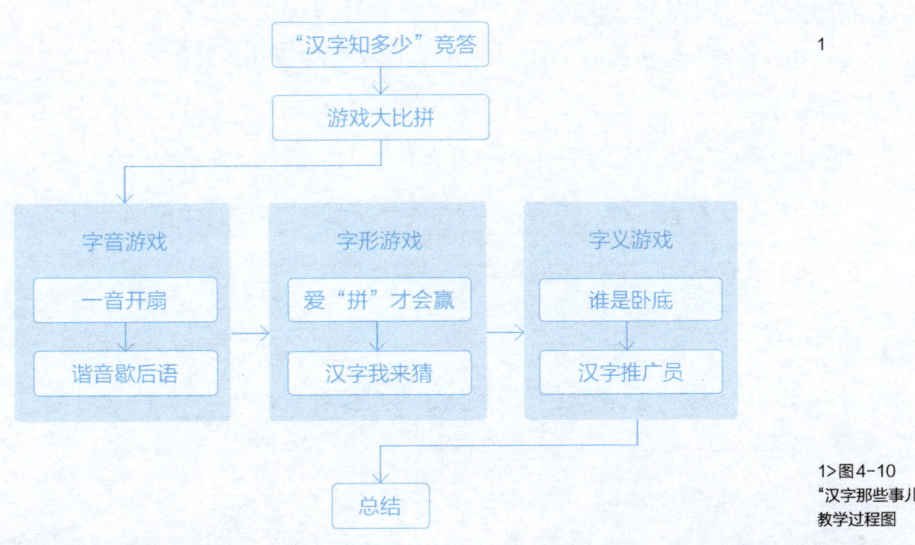

图4-10 "汉字那些事儿"教学过程图

音抑扬顿挫，这让汉语成了世界上最动听的语言。这个特点也给学习汉字的人们出了不少难题！下面我们就来做个字音游戏"一音开扇"，比比哪个小组的同学最厉害。

（1）字音游戏

"一音开扇"游戏规则：

① 教师给出拼音，每组派出2名代表，同时书写；

② 无法写出答案的一组算输；

③ 谜面分3个等级—— 一星级最简单，三星级最难，每一级有3道题；

④ 每组拥有一次现场求助机会，一次翻转答题权；

⑤ 采取主持人倒数抢答制；

⑥ 答对积2颗星，答错倒扣1颗星，以最终积累的星数决出胜负。

师：（教师讲关于谐音的一个笑话）我们汉字的确是博大精深，稍微不注意就会因使用错误闹出笑话来！大家可一定不要放松警惕啊！同音字、谐音字我们常常会用到。你在生活中是否遇到过巧用汉字谐音的情况呢？

生：各种广告用语的谐音。

师：的确，除了广告用语巧妙利用谐音外，聪明的先辈们还总结出了许多谐音歇后语。不信你就瞧！（PPT出示歇后语）你们能编出有创意的歇后语吗？谁敢来挑战？

"谐音歇后语"游戏规则：

① 只给出歇后语的后半部分，由此倒推歇后语的前半部分；

② 每次挑战5道题目；

③ 每组派两名代表参加，给对手方抽取后半部分题目，并回答对手方抽取的问题；

④ 每组拥有一次现场求助权；

⑤ 答对积2颗星，答错倒扣1颗星，以最终积累的星数决出胜负。

（2）字形游戏

汉字的读音有趣，汉字的字形更是千变万化。上下结构、左右结构、全包围结构、半包围结构，再加上各种各样的偏旁部首造就了神奇多变的汉字。下面玩的游戏和字形有关。

"爱'拼'才会赢"游戏规则：

① 根据汉字碎片拼出不同汉字；

② 计时3分钟，以小组为单位，按拼出字数多少计分。

设计意图

以小组为单位的积星挑战赛让学生充满了斗志，参与积极性提高。教师引入了现场求助的方式，让其他小组成员注意力也集中过来，同时加入"翻转答题权"，让比赛更刺激、好玩。

设计意图

让学生倒推歇后语能够培养他们的创造力和思维敏捷度。同时，游戏中仍然有"现场求助"和"反射权"环节增加游戏的趣味，尽量让全班都参与其中。

"汉字我来猜"游戏规则：
① 学生出示书法作品，皆为古体汉字，随机请同学猜字；
② 答对一题则为本组积1颗星。
（3）字义游戏
"谁是卧底"游戏规则：

每组派出若干同学，一人为警察，其余为嫌疑人。嫌疑人通过对手中资料的描述摆脱怀疑。警察抓住卧底，如果好人都被冤枉出局，则游戏结束。如果警察获胜，则警察与好人所在组各加1颗星；卧底获胜，则卧底所在组加1颗星。

"汉字推广员"游戏规则：
在小组内交流自己最爱的一个汉字，说明理由。推荐一名代表做全班推广，评出最受欢迎的汉字。

3. 总结

汉字是我们中华民族独有的语言文字，承载了五千多年的文明。汉字的美蕴藏在横平竖直、柔中带刚的运笔挥毫中，蕴藏在起承转合、抑扬顿挫的音调中，蕴藏在变化多端、婉转曲折的意味中。它是中华文明的瑰宝，需要我们祖祖辈辈传承。孩子们，请记住：传承汉字是中华儿女义不容辞的责任！

> **设计意图**
> 让学生说自己最喜欢的一个汉字，尊重学生独特的情感体验，并让学生表达自己独特的观点与想法，锻炼其口头表达能力，言之有据即可。

● **案例点评**

本节课是小学语文五年级中的综合性学习"遨游汉字王国"中的一部分。教师重点对汉字的起源和谐音进行了讲解。这节课用游戏化教学法设计了六个学习活动，由浅入深，环环相扣，很好地调动了学生的积极性，是一节比较成功的游戏化教学案例。

这节课有两个突出特点：第一，以游戏化教学创设丰富多彩的情境，让汉字学习更加有效。语文包括字词篇章，任何字词都离不开篇章，离开了语言情境，字词就失去了魅力。本节课设计的游戏很巧妙，对于字词学习很有针对性，通过"一音开扇""谐音歇后语"游戏，重点对字音进行突破；通过"爱'拼'才会赢""汉字我来猜"两个游戏，重点对字形进行突破；通过"谁是卧底""汉字推广员"这两个游戏，重点对字义进行突破。学生在游戏中学汉字，在丰富多彩的情境中实现了音、形、义的统一，深入领会了汉字的深刻含义，既有趣，又有效，达到了寓教于乐的效果。

第二，游戏让合作学习更深入。在传统条件下，合作学习的形式较为单调，由于学生的参与度比较有限，很多合作学习流于形式。但通过游戏化教学设计，尤其是把游戏性的精神，比如挑战、升级、竞争等元素，与合作学习相结合，将游戏化精神融进学生活动的教学，能更好地调动学生的积极性，提高参与度。在杨老师这节课中，我们就能深刻地看到这一点：通过挑战、升级、闯关，学生在竞争中合作，在合作中竞争，实现了深层次的合作学习，收到了非常好的效果。

当然，这节课也存在一些可改进的地方。比如，几个活动有一定重叠，层次上不是特别清晰，导致这节课的效率不是特别高。再如，这些活动能不能在有限的课堂时间内完成，也存在疑问。

● 本章小结

本章主要介绍了游戏化教学在探究性学习、翻转课堂、合作学习中的应用。每种教学模式都有各自需要强调的理念：探究性学习强调应用探究方法，形成探究的能力；翻转课堂强调充分利用课堂的交流时间进行知识内化；合作学习强调在共同体中建构知识；游戏化教学强调提高每个学生的参与度、提高学生的学习动机、促进学生在做和玩中高效学习。本章提供了丰富的案例为灵活运用游戏化教学方式提供了参考，同时也强调了游戏化教学中反思与总结不可或缺的地位。

MOOC 学员有话说

Q1：关于游戏化教学在探究性学习中的应用，您怎么看？

黑龙江郝燕：
在科学活动中，我让幼儿玩切切糕的游戏。幼儿每发现一种新的组合就开心地记录下来，幼儿参与游戏探索的积极性一下子就提高了。

匿名：
我们在讲光与影关系的时候，如果只是单纯地讲原理，学生很快就会失去探究兴趣，对探究过程产生疲惫感；但如果我们是以游戏的方式（如皮影戏、手影等）展开的话，学生不但不会产生疲惫感，反而会提高学习兴趣。

Q2：关于游戏化教学在合作学习中的应用，您怎么看？

刘莎莎156321：
在科学活动中，我请幼儿分组合作探究怎样能使冰块融化的速度更快。有些幼儿想尽各种办法来"折磨"自己的冰块，有些幼儿则是拿着冰块在那里做游戏，根本没有参与活动。于是，我利用游戏的竞争机制开展活动。我告诉幼儿，谁的冰块先融化，老师就发给她一幅小粘贴画，于是各个小组幼儿的积极性都被调动了起来。

黑龙江农垦褚士芹：
我认为游戏化教学在合作学习中的应用可尝试从以下几个方面入手。

（1）通过游戏培养学生的合作意识。老师要通过游戏让学生明白，有时要想完成一件事，光靠个人的智慧和力量是不行的，还要和同伴相互协作才能完成，从而逐步培养学生的合作意识。（2）引入竞争激励机制。老师在引入小组合作学习策略时，要充分重视外部奖励的促进作用。我采取以组间竞争促进组内合作的方式强化学生的集体观念，提高小组的内聚力。学生在小组活动中体会互助带来的乐趣和同学间的友爱，这会对合作学习产生促进作用。（3）创设合理的学习情境。老师要充分挖掘教材，创设合理的学习情境，使学生的合作动机在情境中被悄然激发。在观察、猜想、验证、展示介绍等活动中，学生不由自主地寻找合作伙伴进行合作学习，内心深处产生了强烈的合作愿望，合作意识也就悄然生根发芽。（4）转换角色。老师要转换角色，使自己也成为小组合作学习中的一员，给学生必要的建议和意见，使他们在合作过程中逐步提高合作的质量，最终促进小组合作的良性发展。（5）培养团体意识和积极互赖的精神，包括：积极的心理互赖、积极的目标互赖、积极的角色互赖、积极的资料互赖。（6）培养学生的倾听能力。

第五章
对游戏化教学的思考与展望

○ **学习目标**

掌握如何指导游戏化学习

掌握如何评价游戏化教学

了解怎样为游戏化教学保驾护航

了解游戏化教学未来的发展

小张老师听说北京大学教育学院蕴藏着游戏化教学法的最终奥秘。她来到这里，见到了一直致力于游戏化教学研究的知名专家——尚老师。她从尚老师那里学到了教师指导、评价游戏化学习的方法，以及在学校中实践游戏化教学如何争取同事、家长的支持。此外，她还了解了游戏化教学未来的发展，从而对游戏化教学有了更深入的理解和认识。

如何指导？
指导策略
教师角色

如何评价？
教师的"教"
学生的"学"
游戏环境

如何保驾护航？
构建同盟
家长的支持
有趣的发现
障碍

未来　　　　回归教学本质

第一节 教师如何指导游戏化教学

<small>小学教师专业技能：创设适宜的教学情境，根据小学生的反应及时调整教学活动。</small>

我们知道了游戏化教学的两种模式，也学习了在探究性学习、翻转课堂、合作学习中如何利用游戏让教学更有效。我们现在回顾并总结一下在游戏化教学中教师如何对学生进行学习指导。

一、教师的指导策略

<small>教师如何指导学生</small>

游戏化教学的第一种模式——应用游戏，一般会分成游戏前、游戏中、游戏后三个阶段。

在游戏前，教师要明确告知学生游戏的目标，强调游戏与当堂课所学知识的联系，以及在游戏后要做的测试或练习等。在游戏中，教师既要启动和停止游戏，也要对学生如何玩游戏并将游戏用于学习进行指导。如果是非电子游戏，教师则可以走到学生中间，以"观看"为主，切忌过多干预学生的游戏过程。在游戏结束时，教师要立即停止游戏，用语言或其他方式将学生的注意力拉回课堂。

在游戏化教学中，课堂气氛往往会比较活跃，教师单靠语言难以将学生的注意力拉回课堂。如某数学老师为了更好地组织游戏化的课堂，用一个声音非常响亮的摇铃作为控制时间的道具，游戏开始时晃动摇铃，游戏结束时多摇动几下，直到学生恢复秩序为止。

游戏化教学的第二种模式——用游戏化机制组织和设计课堂教学，其流程跟第一种模式差不多，只是变成"活动前—活动中—活动后"。

在第二种模式中，教师的指导功能主要体现在"活动中"这个环节，教师与学生一起探讨，协商完成任务。"活动中"环节需要的时间往往比较长，因此它可能被拆分成几个部分，先玩游戏（活动），然后教师引导学生汇报，随后又回到游戏（活动）中，继续游戏（活动）。这就形成了游戏（活动）—汇报（指导）—再游戏（活动）的流程。这个流程可能在活动中出现一次或多次。

需要强调的是，不管是哪种模式，只要用了游戏，就要特别注意引导学生进行反思。在游戏化教学中常见的策略是试误，试误是取得游戏经验的首要途径。很多学生在游戏时，一而再，再而三地出现同样的问题，偶尔打通关了，也不知道是怎么通过的。这在游戏中是允许的，但在课堂学习中，是不利于学习的，这时就需要教师引导学生进行反思。在游戏进行过程中或在游戏结束后进行反思和总结是确保学习效果的有效方法。在游戏化学习中的反思主要包括：对游戏过程的反思、对学习过程的反思、对学习成果的反思。具体说来，教师需要教会学生一些反思的策略，比如，列出问题供学生思考，提供日志撰写的框架等。同时，教师还要对学生的反思活动提出明确的要求，比如，要求学生撰写游戏日志、完成学习报告、进行小组讨论等。

① 丁海东.学前游戏论[M].济南:山东人民出版社,2001:174-175.
② 蒋宇.游戏化探究学习模式的设计与应用研究[D].北京:北京大学,2011.

另外，教师还要组织学生评论游戏。教师或同伴可以对学生的游戏内容和表现进行简短的、恰当的评论①，不必面面俱到，但切忌泛泛而谈。

二、教师在游戏化教学中的角色

游戏化教学会对教师的已有教学观念、教学方式、教学手段产生很大的冲击。教师的角色会在游戏化教学中悄然发生改变。

游戏化教学中教师的角色

2009年，我们在四川省成都市一所中学开展了基于《农场狂想曲》的教育网络游戏实验研究。我们围绕这款游戏设计了一门课外学习的课程，让学生应用初中所学的地理、生物等知识在游戏中开展科学探究。与我们合作的魏老师是一名骨干教师，她认为这种游戏化学习方式给学生提供了发挥主动性的空间，学生提的问题也更有针对性了。但她也有担忧，她说："我知道这种学习方式是想让同学们自主学习，但当学生问我时，我不知道该如何回答，说多了怕限制了他们，不说又怕他们不会，摸不到头脑，浪费更多的时间，真是不知道该怎么办才好。"②"不知道该怎么办"不只是魏老师存在的问题。另外，她还说："怎么样把兴趣变成动力，把学生对游戏的兴趣，引导到对科学探究的兴趣上？如果我们不给任务的话，学生就只知道赶紧升级，拼命做升级。"

那教师究竟该怎么办呢？以下是我们鼓励教师在游戏化教学中模仿的四种角色。

（一）当"好观众"

观众是指教师作为旁观者观察学生的学习，但是好的观众会积极地看、专心地听、及时地表扬与鼓励，而不仅仅是围观。一般说来，在游戏化教学中，教师要认真观察学生的情绪变化，观察个别学生的游戏操作，还可以做一些记录。

（二）担任"后勤部长"

这个角色主要强调教师要为学生的游戏化学习提供学习保障，主要包括游戏道具的提供与更新、游戏规则的维护与坚持、学习资料的准备与更新等。当然，"后勤部长"还有一个特点，就是要及时了解学生所需，特别是公平地为每一位学生服务，不以成绩高低或个人喜好来区别对待他们。

（三）担任"顾问"

在游戏化教学中，教师不只是做学科知识的顾问，还要努力成为游戏知识及操作的专家，担任学生学习的顾问，为学生游戏化学习中所需的学科知识、问题解决技巧以及游戏的操作技能提供及时的帮助和指导。这对很多教师来说，往往是比较困难的，因为教师自己可能都不会玩游戏，这时可以让对游戏比较精通的学生担任同伴顾问，为其他学生提供帮助和指导。在游戏过程中，学生往往会不自觉地发出一些声音，或是惊叹，或是遗憾，或是愤怒，这传达了他们瞬间的情绪，教师要根据学生情绪变化积极地进行回应。

（四）与同学结为"伙伴"

"伙伴"角色真正实现了教与学的平等地位，做到了教学相长。在游戏化教学中，尤其是在一些综合类游戏的应用中，学生希望教师能够与自己一起学习，共同完成游戏和学习任务。如果教师能在课堂中分享其游戏所得，那么对学生来说这不仅仅是游戏经验的共享，更是与教师情感上的沟通与交流。

第二节 如何评价游戏化教学

在介绍如何评价游戏化教学之前，我们先简要回顾一下有关评价的知识。现在的中小学多采用表现性评价、过程性评价和发展性评价，这些评价具有如下几个特征：第一，评价主体多元化，教师、学生、家长广泛参与评价；第二，评价数据来源比较广泛且注重过程评价，评价者注重对学习过程数据的收集与统计分析。比如，对于教师的教学过程的评价，评价者通常会收集学生的调查问卷，而对于学生的学习效果的评价，也倾向于由总结性评价转变成过程性评价。

基于游戏化教学的特殊性，我们认为，对游戏化教学的评价主要分为：对教师指导的评价、对学生学习的评价和对游戏环境的评价。

一、如何对教师的游戏化教学指导进行评价

做好游戏化教学中教师指导的评价可直接促使教师树立科学的游戏观和游戏指导意识，增强其指导的针对性和目的性。

对教师指导的评价可分成：对引导游戏进程进行评价，如介绍材料、建议活动方式、提出行为要求等；对师生互动进行评价，如对学生提出的建议多是肯定性建议，能以饱满的情绪参与游戏或者观察游戏；对指导对象

与范围的评价，如能自然衔接集体、小组或个别指导；对指导方法的评价，如探索和运用多样化的指导方法，引导学生不断深入；对指导类型或方式及游戏常规的建立进行评价。具体内容可见表5-1。

表5-1 对教师游戏化教学指导情况的评价要素[1]

要素	内容
引导游戏进程	根据游戏计划引导游戏的整个进程（开始、中间、结束），使游戏顺利开展
师生互动	积极参与游戏，多与学生接触，多运用肯定性建议，减少否定性意见
指导对象与范围	重点与一般结合，在游戏中以面向个人指导为主，逐渐增加对小组的指导
指导方法	综合运用多样化的指导方法（如及时提供材料/建议、提问启发、提供范例、共同参与、行为示范、指导技能）
指导类型或方式	多用激励方式，注意引导学生学习，促进游戏的深入和教学效果的提高
游戏常规的建立	引导学生建立必要的游戏规则，督促学生执行规则

二、如何通过游戏化的方式评价学生的学习

应该采取什么样的方式来评价学生的学习呢？其实，评价方式也可以进行游戏化包装，比如，我们可以借用游戏中经验值的概念来评价学生每一次学习任务的完成情况。举个例子，学生每做一次小组汇报，我们给他加20点经验值。学生用不同的经验值可以换取不同等级的徽章，在徽章的设计上，教师可以直接套用现实生活中已经有的等级命名体系，比如，教授、副教授，盟主、大侠，这些都能让评价听起来更有趣味。当然，教师还可以设计一些富有特色的属性，比如，礼仪指数、智慧指数、人气指数，这样每个学生都能在游戏中发挥自己的特长。另外，根据这些徽章和经验值的排序，教师还可以给学生们做一个排行榜，为了让排行榜更有意思，还可以鼓励学生给自己设计一个好玩儿的名字，用在排行榜里。

相对于只给一个分数的评价，游戏化的评价方式就会显得更加有趣。当然，评价需要特别注意保证游戏过程公正和透明。公正，是指在游戏化教学中，每个孩子都应该得到公平的对待，只要参与学习、完成任务，就可以得到奖赏；透明，就是升级的机制和方法必须是透明的，在一开始教师要向所有学生交代清楚评分标准和意义。

有了评价方式，那具体的评价内容又该怎样设计呢？一般而言，关于学生评价的内容，可以从两个方面考虑：一方面是学生的认知发展，另一方面是学生的

[1] 丁海东. 学前游戏论[M]. 济南：山东人民出版社，2001：181.

个性和社会性发展。

认知发展可以参考教学目标的达成度进行评价，比如，学生的课堂作业质量、期末考试成绩等。游戏化教学更注重评价学生的发展，个性和社会性可以细分为对规则的遵守、过程的参与性、同伴交往和持续情况这四个方面：第一，对规则的遵守指的是行为有序，能基本遵守游戏的规则和学习的约定，爱护玩具和游戏设备，能及时收放；第二，过程的参与性主要指学生在独自游戏以及小组合作游戏中的参与情况；第三，同伴交往可以分为积极交往、一般交往和消极交往三种，教师从观察中就可以判断学生的交往情况；第四，持续情况指学生玩游戏的持续性。在游戏化教学中，大部分学生是沉浸的，但仍然有个别学生可能有畏难情绪。尤其是在使用电子游戏时，游戏经验丰富的学生可能会觉得无聊，而游戏经验少的学生可能会觉得太难，所以教师需要通过评价环节的设计，引导所有的学生都能持续地开展游戏化学习。

三、如何对游戏环境进行评价

评价游戏化教学还有一项很重要的内容，就是评价游戏本身和游戏化教学的外在环境。对游戏本身的评价要关注此游戏是否真的能够帮助教师实现教学目标，以及可能给学生带来什么样的负面影响。对于外在环境的评价，教师要关注学校内舆论支持的软环境。就传统游戏而言，创设合理的游戏情境是有效开展游戏化教学的关键环节之一，在具体的教学中，教师需要创造性地整合教材内容，以体现游戏情境的整体性和层次性。

这里以部编版小学《语文》第一册关于ang，eng，ing，ong第2课时的教学为例：第一步，教师用多媒体课件创设"数数彩虹有七道"的情境，复习chi，cheng，huang，lü，qing，lan，zi，巩固学生的拼读能力，接着让学生按顺序摆七种颜色的色块；第二步，教师创设"看彩虹""说彩虹"的情境，让学生观看彩虹的不同图片进一步了解彩虹，让学生说一说在什么地方看见过彩虹，然后引入课中儿歌，指导学生朗读儿歌；第三步，教师画一条彩虹，上面铺设"石头"（生字卡片），创设"搬石头过彩虹桥"的情境，请学生上台做"搬石头过彩虹桥"的游戏。在这几个环节中，教师既用了儿歌，也用了过河的游戏，情境与游戏相融，游戏与学习相融，师生兴趣盎然，效果很好。

对电子游戏情境的评价主要是评价物理和资源环境能否支持游戏化教学活动，如网络条件、学习终端等。这些评价相对来说比较简单，如果在简要评价之后，认为无法较好地支持教学，建议就不要采用电子游戏教学了。

第三节 如何为游戏化教学保驾护航

这一节将要介绍教师在开展游戏化教学时,如何克服困难,顺利实施游戏化教学。本节主要从学校教育的两类利益相关者——教师和家长的角度来阐述,另外还介绍了几个扫除人们对游戏误解的研究成果。

一、如何构建你的同盟

游戏化教学虽然是一个"潮"的概念,但是教师、校长对游戏的教育应用大多持积极乐观的态度,并且愿意尝试。一线教师迫切希望学校能够支持他们推广和实践新的教学方式,虽然校长们目前对教育游戏的前景比较看好,但是仍持观望态度,存在着"小心翼翼"却又"跃跃欲试"的心态。他们中有人认为教育游戏在综合实践活动等课程中会具有更大的应用价值[1],只是目前由于网络游戏的一些负面影响,一些玩家过度沉迷于游戏,造成了一些不良的社会影响,这让许多对游戏持乐观态度的校长都望而却步。

① 尚俊杰,蒋宇.中国南方发达地区中小学校长教育游戏应用意见调查[J].电化教育研究,2010(8):100-105.

那么对于普通教师来说,如果想在教学中尝试游戏化教学,如何寻找和构建一个同盟,让更多的同行们参与游戏化教学实践呢?我们先和大家分享一个故事。

卢卡斯是美国一名高中老师,他在美国北卡罗来纳州一所中学任教十多年后,成为学区的教育科技主管。他是拥有多年游戏经验的玩家,并且认为这种虚拟世界肯定能够在教育中占据一席之地。他想利用电子游戏进行教学,让学生在游戏中学习英语和数学,他说:"如果学生对于细胞结构和功能的兴趣能够如玩游戏那样,那么他们肯定都能拿到A。"后来,他在学校开设了依托电子游戏的课后活动,将文学、写作、数学、数字媒体素养、领导力、线上安全知识等学习内容整合到活动中,经过一年的发展,该课程由课外活动发展为学校选修课。

你或许知道,如果将这款游戏用到学校教学中,会有很多的挑战,那卢卡斯是如何有序推广这种教学方式的呢?

卢卡斯个人在进行摸索的时候,找到了一位合作教师佩吉,她本人也是一位游戏迷,听闻卢卡斯应用电子游戏进行教学,深受启发,主动加入卢卡斯的队伍。现在很多网上的教学设计都出自佩吉之手,她还和卢卡斯一起搭建了Wo Win School网站,面向所在学区所有的教师开放。

现在他们团队也增加了好几位成员。他们提出了在学校推行游戏化教学的12条建议。如果你要在学校开启一段游戏化教学之旅,他们建议,可以从如下6个方面入手。

(1)尽可能地寻找你的支持者。要抓住机会向同事讲述这种教学方式对培养领导力、协作能力等在传统课堂中被忽视的能力的好处。最好能够将你的领导吸引进来。就算是没有明确说要一起做的人,也有一起合作的可能性。

(2)一定要与负责技术的同事建立合作关系,明确他们在合作中的研究任务,他们需要知道游戏的具体作用,并且你要向他们分享你的文献资源。

(3)将游戏学习的项目与教学目标对应起来,但不需要非常精准地与教学目标对应。如果启动比较困难,就以课外活动的形式开始,在课前、课后均可以进行,不一定非要在课堂中应用。

(4)识别"危险"的学生和边缘化的学生。"危险"的学生有可能对学习感到厌恶(他们对传统课堂也抵触),让他们自己选择,如果不愿意参加,也不强求。

(5)让家长参与,向家长阐释你的期望,必要的话,从家长角度录制宣传视频,在进行一段时间后,邀请家长参观你的课堂活动,不仅是为了宣传你的项目,更是为了让学生能够在更多人面前展示。

(6)加强与自己正在从事类似工作的教育专家的联系,让他们与你的领导对话。另外,让你的学生与其他的学生也联系起来,多交流他们参与游戏化学习的体会。

二、如何获得家长的支持

这部分与其说是帮助教师如何应对家长对游戏化教学的质疑,从而获得家长的支持,不如说是分享几种如何与家长进行沟通的方式。

第一种,与家长协商。在2001年,斯奎尔教授想用《文明Ⅲ》这款游戏来教学生历史,刚开始他的要求并不高,只是希望在课后学生能利用游戏进行学习。但是学校教师有所担忧,他们认为,在学校教育中使用游戏,应该让家长知情并获得家长的书面同意。于是,项目组专门设计了一张家长告知书,这份告知书清楚地说明学校应用《文明Ⅲ》这款游戏要达到的教学目标,以及整个学习活动的大致安排;对于家长担心的游戏成瘾问题,告知书比较详细地介绍了控制学生游戏时间的措施。最后家长决定是否同意自己的孩子参与这项研究。这种方式既让家长知晓游戏化教学这件事,又能让家长保障学生课外的游戏时间。

向家长发放告知书是一种相对来说比较委婉的方式。但这种方式也有不足,比如不同意的家长过多,这种教学改革可能就无法实施了。

第二种,召开家长会。任何一种教学改革都可能遇到阻力,尤其是教学方式的改变,会对学生的学习带来直接的影响,因此家长们往往都会特别关心。这个时候,校长的支持就显得特

如何获得家长的支持

别关键。

上海市嘉定实验小学的花校长从2012年开始就在全校范围内推行自带设备（bring your own device，简称BYOD）教学，鼓励家里有平板电脑的孩子带平板电脑上课，对此举动不少家长有意见。于是在新生入学的家长会上，花校长说："选择有平板电脑家庭的孩子进行教学变革，是因为你们对技术是很敏感的，不排斥它。学校可以帮助你们把目前在家里只是一个玩具的平板，变成孩子学习的工具。"校长的话赢得了热烈掌声。平板电脑进入了一年级课堂，有两个班成了该校首批"数字化学习应用班"。到了三年级，学校应家长们的要求增加了一个班。2013年，自带平板电脑上课的班变成了4个，2014年，扩大为5个，截至2015年年底，全校各年级"数字化学习应用班"共有17个。①

① 中央电化教育馆.公平 质量 创新 发展：中小学信息技术教学应用优秀案例集[C].北京：中央电化教育馆，2015：12.

这种在家长会上说明的方式适合让校长或年级主任出面发言，因为他们说服家长的能力和技巧较高。在说明情况之后，教师要尽快跟上行动进行部署，如派发学习账号、预热学习任务、培训学生基本操作等。这种方式的风险是，如果改革过于激进，无法说服家长，会上可能出现家长集体质疑，甚至反对的情况。

第三种，邀请家长参与游戏化教学。2014年1月，北京市很多小学生已经进入放寒假的状态。要是问北京的低年级小学生最高兴的事情是什么，估计很多孩子会说，没有考试了！在北京市东城区、西城区、海淀区的部分学校，一年级学生期末考试告别传统试卷，改玩游戏，家长可以一起陪考。在西城区的一些学校考场中，我们看不到传统试卷，却听见到处是孩子们的笑声。原来他们考试不答卷，改为做游戏，答对了还能有奖品。比如，北京育才学校的期末考试就给一年级学生一个巨大的惊喜。孩子们人手一张"智慧闯关快乐遨游"的体验卡，他们可以尝试"把耳朵叫醒""蚂蚁搬家""分秒不差""奇思妙想"等多个游戏，每通过一个，家长志愿者评委便会给他们几颗代表得分的小星星。

以上做法揭示了一种获得家长支持的方式——家长参与。这种方式特别适合融合传统游戏的教学活动。家长参与有两种方式：第一种是让家长作为玩家加入，如幼儿园举行的亲子游戏活动；第二种方式是家长以志愿者身份加入，比如记分、做后勤等。

在江苏省常州市天宁区一个幼儿园内，教师在组织"变脸"的学习活动时，邀请家长参与活动，帮助孩子玩平板电脑中的游戏。家长们时而和孩子们一起操作平板，时而和孩子们上台扮演角色，活动效果非常好（图5-1）。

我们介绍了三种与家长沟通的方式：与家长协商（给家长发告知书）、召开家长会、邀请家长一起参与。这三种方式可能适合不同的人群，比如第一种方式就适合高年级学生，第三种方式更适合低年级学生，同时这三种方式各具优势，也各有缺点，需要你自己衡量、选择。当然，我们还可以探索更多更好的方法。

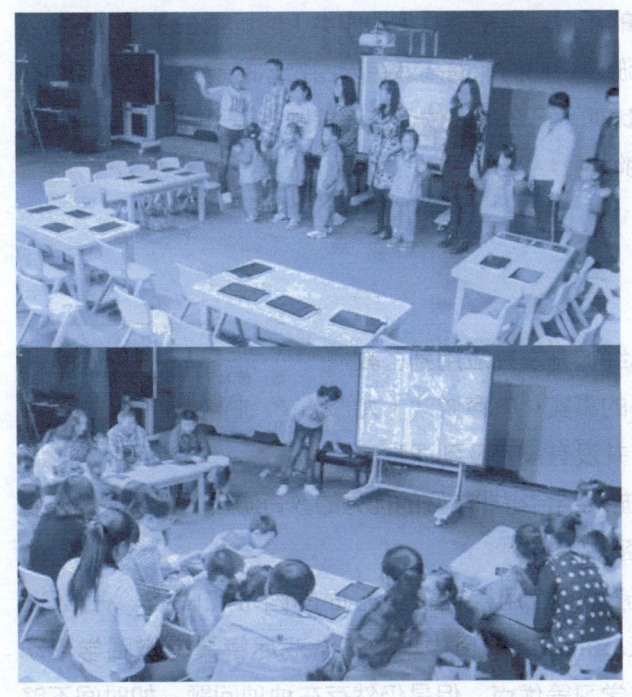

1>图5-1
幼儿园教师上课时邀请家长参与活动

三、分享一些违背"常识"的研究发现①

① 该小节文字参考TED视频《电子游戏中的大脑》。

发现一：沉迷于游戏的人视力居然非常好。

大多数人都听说过，"看屏幕太久，会导致视力下降"，也许你们中有人是视觉方面的专家，知道如何检验这个说法。不经常玩游戏，也不经常看屏幕的人，视力正常，或者说定义为正常，这没问题。而沉迷于游戏的那些人，按照常人的判断，视力应该很差。实际情况却相反，有些人的视力居然非常好。

有研究表明，游戏玩家的视力好体现在两个方面：其一，他们可以在杂乱中看到细节，也就是说，在看诸如药品说明上的小字的时候，不需要放大镜，就能看清；其二，他们能够分辨不同的灰度，想象一下在大雾中开车，有分辨灰度的能力能够让你判断前方汽车的位置，这意味着你是否能避免车祸的发生。对于玩动作电子游戏的人来说，玩游戏的时间长并不意味着视力变差。

发现二：经常玩游戏的人在注意力方面竟然有优势。

人们常说电子游戏会让人难以集中注意力。那如何测量注意力呢？我们一起来做一下这个游戏。

屏幕上播放出一个有关颜色的字，文字本身的意思和字体的颜色是矛盾的，比如，"绿"字是用蓝颜色写的，"红"字是用黑颜色写的。教师让学生说出这个字的颜色，比如说用绿色写出的黄字，你得说出绿色。在做这个游戏时，刚开始游戏速度很慢时，回答者可能会答对，但当把速度提高的时候，学生就不一定能够迅速反应过来。你的注意力有多集中，决定了你能多快解决这个矛盾。

在普通人和经常玩游戏的人一起做这个游戏的时候，经常玩电子游戏（动作类）的人能更快地处理其中的矛盾。电子游戏（动作类）的玩家在注意力方面还有很多其他优势，比如，从游戏中他们能提高追踪周围物体的能力。这种能力在日常生活中我们经常用到，比如，开车的时候你在追踪周围车子的同时，也在追踪着来往的行人和奔跑着的狗。

四、教育游戏应用的障碍[1]

虽然有很多教育游戏已经被开发并应用到了教育教学中，但是有一个不争的事实：教育游戏（尤其是大型的网络教育游戏）并没有被普及到课堂教学中。因为很少有将教育和游戏结合得非常好的优秀的教育游戏，这说明在教育游戏设计上有需要突破的瓶颈。

[1] 尚俊杰，蒋宇，庄绍勇.游戏的力量：教育游戏与研究性学习[M].北京：北京大学出版社，2012：95-102.

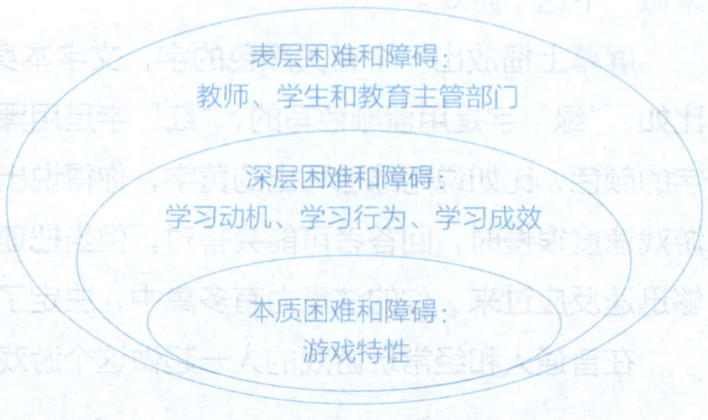

很多研究者发现教育游戏的应用存在很多方面的困难和障碍。在CGE（computer games in education）项目中，教育游戏尽管具有增强学习动机、激发自信心、促进协作学习等优点，但是仍然存在种种问题，如时间不够用、太复杂、太有趣，以致忽略了学习内容，需要较高的计算机技术，游戏涉及的词汇和阅读技巧不适宜等。麦克法兰等人研究发现：尽管游戏能够提高学生的逻辑思考能力、数学能力、协作能力等，但是将游戏用在教育中最大的障碍是游戏内容不一定和课程内容一致，并且游戏化教学不一定能得到教育主管部门的认可。也有学者系统总结了将游戏用到课堂中存在的障碍：（1）教师很难快速评定哪些游戏适合教学；（2）想让教育主管部门认识到游戏具有的教育潜力是比较困难的；（3）教师缺少时间深入了解游戏，因此不能很好地发挥它的作用；（4）由于游戏中存在大量与学习不相关的内容，因此会浪费课堂时间。

基于文献调研及实证结果分析，我们认为教育游戏之所以不能迅速普及主要是存在如图5-2所示的三层困难和障碍。

（一）表层困难和障碍

表层困难和障碍主要是人的因素，体现在教师、学生和教育主管部门三个方面。

表层困难和障碍：
教师、学生和教育主管部门

深层困难和障碍：
学习动机、学习行为、学习成效

本质困难和障碍：
游戏特性

图5-2 教育游戏面临的三层困难和障碍

1. 教师方面

首先，时间的问题。现在中小学教师一般都很忙，要他们拿出大量时间来组织游戏、引导学生反思和总结，是非常困难的。比如，《农场狂想曲》游戏提供了重播功能，教师利用它可以观察每位同学在每个回合的操作，据此可以对学生进行点评。这个功能虽然非常受教师和学生的欢迎，实际效果也很好，可惜由于时间问题，教师根本不可能去跟踪观察所有学生的实际操作。

其次，技术的问题。尽管目前的游戏操作多数比较容易，但是对于不熟悉电脑的教师来说，使用起来会有一些不方便。还有一些教师熟悉电脑，但不熟悉游戏。现在的学生由于经常玩游戏，所以操作起电脑来很熟练，而教师如果不能非常熟练地操作电脑，是否能够很好地指导学生呢？

最后，教学观念和教学策略的问题。尽管现在各方面都非常提倡以学生为中心的教学模式，但是真正落实起来还是有一定困难的。比如，王陆等人研究发现，教师不明白自己在游戏中到底担任什么角色，不知道该如何去帮助学生。我们在"虚拟互动学生为本学习环境"研究中也发现同样的问题，教师在教学、反思、总结和评估环节都有"束手无策"的感觉，不知道该怎么样去帮助学生。

2. 学生方面

对学生而言，时间、技术并不是太大的问题，学习策略才是最重要的问题。因为多年来他们已经熟悉了传统的学习方法，但是在游戏中不知道应该如何学习。比如，在我们进行的关于"唐伯虎点秋香"的实验中，有部分学生确实只是靠"试误"来学习的，这样学习显然效果并不是很好；而在另外一个研究中，有部分学生只是为了赢，并没有仔细想过如何学习；还有的学生也努力钻研了，但是总犯同样的错误，在学习过程中很少去借鉴别人的经验，也比较少和其他人讨论，显然没有掌握正确的学习策略或方法。因此，在游戏中的学习策略也是一个亟待研究的问题。

3. 教育主管部门

从上海市和重庆市教育主管部门曾面向社会公开招标教育游戏的情况看来，只要教育游戏确实被证明具有一定的教育价值，游戏化教学得到教育主管部门的认可也不是不可能的。

（二）深层困难和障碍

人们在谈到困难和障碍时更多地关注人的因素，尤其是教师方面，似乎只要教师转变观念，给教师足够的时间和技术支持，教育游戏就能够取得成功。虽然目前教师或许对游戏不够熟悉，但是在游戏中长大的一代将来如果成为教师，自然就不存在这个问题了。而且，如果教育游戏真的被纳入课程之中，那么教师可能就会像熟悉其他教学法一样熟悉游戏化教学方式了。再举一个例子，如果一位教师认真地连续三四年在课堂中使用某一个游戏进行教学，他对该游戏的熟悉程度一定会超过学生。可是，这样一来教育游戏就一定会成功吗？结论未必会如此简单，根据我们的研究，教育游戏能否成功将更多地取决于教育游戏本身，也就是它是否能够激发学生学习动机，确保学生学习行为发生，并取得一定的学习成效。这些才是教育游戏面临的深层困难和障碍。

1. 学习动机

就学习动机而言，教育游戏存在如下四个问题。第一，许多学者认为游戏可以使学习更有趣，从而激发学生学习动机。这也是教育游戏最令人心动的一点。而在我们的研究中，我们也发现，虽然游戏确实激发了大部分学生的学习动机，可是并没有激发所有学生的学习动机，每次都有部分学生明确表示不喜欢教育游戏。第二，游戏激发的动机只是学生对某一活动的动机，而不是对某一学科稳定的、一致的学习动机。换句话说，即使学生喜欢这次的游戏化学习活动，也不意味着他能够喜欢该学科的其他游戏化学习活动。第三，如果某个教育游戏真的激发了学生很强的学习动机，使他们废寝忘食，乐此不疲，也不一定是好事。比如，某学生整天痴迷于某一款教育游戏，就可能耽误对其他课程的学习。众所周知，最好玩的商业游戏通常是多人在线角色扮演游戏，而且该类型游戏也是最容易使人上瘾的游戏，教育游戏追求的"好玩但不能上瘾"这一点显然比较难落实。第四，最为重要的问题可能是游戏动机和学习动机存在差异。根据契克森米哈赖提出的"心流"理论，参与者被从事的活动深深吸引进去，其意识被集中在一个非常狭窄的范围内，所有不相关的知觉和思想都被过滤掉，并且他会丧失自觉，只对具体的目标和明确的反馈有感觉。即在几乎被环境所控制的情况下，参与者就会进入"心流"状态，就会非常快乐，从而乐此不疲。而游戏因为充满了日益增多的挑战和技巧，它有具体的目标、即时和明确的反馈资讯，并消除了一切不相关的资讯，这一切有助于学生产生"心流"。简单地说，游戏追求的就是尽量减少对游戏者的干扰，让他们能够全身心地沉浸于游戏中，从而最大限度地激发他们的游戏动机。而利用游戏来学习则不同，如果仅仅在教学中简单地使用游戏，并不一定能够达到预定的教学目标，比如在商业竞赛类模拟游戏中，学生的动机并不一定是为了学到知识，而是为了"赢"。

如何才能让学生不仅仅赢得游戏，还能通过玩游戏学到知识呢？许多学者都认为，在游戏进行过程中和在游戏结束后组织反思和总结是非常有效的方法。所以，很多教育游戏研究项目都会要求学生在学习过程中和在结束后不断地进行反思和总结，而这些实际上都是对学生的干扰，使他们很难流畅地体验游戏，也就较难真正达到"心流"状态，这就好比每打完一局扑克牌就要求玩家撰写反思日志，如果是这样，显然不会有太多人喜欢打扑克牌了。另外，教育游戏一般不可能让学生长时间玩，通常被限制在一个课时或固定时间内（还包括反思等活动），这样也不利于学生沉浸于游戏中。概而言之，游戏追求的是感官的沉浸，而教育游戏追求的是理智的沉浸，感官的沉浸和理智的沉浸有时候会产生一定的冲突。

2. 学习行为

就学习行为来说，教育游戏也存在两个问题。第一，动机决定行为，有研究表明，游戏动机包括休闲娱乐、社会交往、成就、权力、逃避、角色扮演、认知、营利等因素，不同的玩家在不同的动机因素激励下会喜欢不同的行为，比如有的玩家致力于打怪升级，而有的玩家则只喜欢在游戏中找人散步聊天。而教育游戏则不同，我们显然希望学生在其中主要是参与问题解决等与学习有关的活动。比如，我们在"虚拟互动学生为本学习环境"研究中希望让学生在一个近似真实的情境中发现问题、分析问题和解决问题，虽然我们也看到了有许多学生在其中去想方设法地提高管理技巧，但是也注意到有一些学生确实过多地采用试误、随意等无益于知识建构的问题解决策略，还有的学生纯粹把游戏当作娱乐活动。第二，游戏追求的是"不同于日常生活"的生活，玩家不需要遵守日常生活中的规则，只要不违反游戏中的规则，基本上就可以想干什么就干什么。而教育游戏显然不是这样的，很多男孩子喜欢的枪击、杀戮等活动在教育游戏中显然不被鼓励甚至是被禁止的，这也会影响教育游戏的趣味。

3. 学习成效

至于学习成效，也存在如下几个问题。第一，虽然研究证实能够融进知识的游戏对提高学生的学习效果非常有帮助，但是要将大量的知识融进游戏中是非常困难的。第二，游戏是"假"的，并没有人去严格审查游戏中的知识的科学性，但是教育游戏中的知识必须是科学的和正确的，这也加大了游戏的设计难度。第三，好玩的游戏通常会尽量减少玩家的认知负担，因此，如《俄罗斯方块》和《连连看》这样"规则简单、变化无穷"的游戏常常很受欢迎。虽然这样的游戏也能锻炼手眼互动能力，但是对于教育游戏而言，规则太简单，显然无法传授太多的知识。第四，即使某教育游戏能够让学生掌握知识、提高能力，实际上也存在"学习效率"的问题。有研究显示，对相同的知识学生用传统方法学习起来会更快。第五，研究基本证实游戏确实能够培养和提高学生的问题解决能力等高阶能力，可是由于缺乏简便、有效的测量工具，我们又很难测量和证明游戏确实能够提高学生的高阶能力。或者说，教育游戏在能力、情感态度与价值观方面具有重要价值，但是这些价值使用传统的测评手段无法准确测量。如果无法准确测量，教育游戏要想进入目前主要依赖传统测评方法评估教学成效的课堂教学中就会存在相当大的困难。

（三）本质困难和障碍

研究者从开始接触教育游戏以来就一直有这样一个疑问：为什么游戏可以用来帮助学习，但却很少在教育中大面积推广和普及呢？尤其是复杂的大型教育游戏更是很少有成功普及的案例。当然，原因可以列出很多，比如，前面提到的表层与深层的困难和障碍，但是研究者总觉得在游戏与教育之间还存在着一些更为本质的困难和障碍。

通过对游戏和教育概念的仔细辨析，研究者逐渐意识到，或许教育与游戏在本质特性上的差异就是本质的困难和障碍。游戏必须具备自愿性和自由性、非实利性、佯信性、规则性等基本特性，只有具备了这几个基本特性的活动才能被称为游戏。

教育游戏属于游戏，所以也应该具备这几个基本特性，可是教育游戏至少在以下两个特性上存在问题。

第一,自愿性和自由性。按照游戏理论,游戏者通常是自愿的,他们在一定的规则之下可以自由地做自己想做的、不做自己不想做的。而教育游戏必然要求学生做必要的事情,比如,我们在"虚拟互动学生为本学习环境"研究中尽管要求学生自愿参加,但是也会要求学生在玩完游戏后写总结报告,学习各种学习资源。再进一步,假如某个教育游戏最终真的被应用到课堂教学中,成为正式课程的一部分,学生就更不能自由选择了,不管自愿不自愿,都必须参加。

第二,非实利性。按照游戏理论,游戏者主要由内在动机驱动,而并不是由其他现实生活中的实际利益驱动的。尽管许多学生对学习很有兴趣,也是在内在动机的激励下进行学习的,但是不可否认的是,学习很多时候确实是由现实生活中的利益驱动的,比如升学和找工作等。因此,游戏一旦被真正用到教育中,并且体现在学生的成绩中,此时它的"非实利性"自然很难得到保障。

由此看来,教育游戏如果被应用到课堂教学中,从严格意义上说就不再是游戏了,至少不再是"纯粹"的游戏了。

教育游戏面临的上述困难和障碍,有的是暂时的,比如表层困难和障碍中提及的时间、技术和观念等问题,随着技术的继续发展和普及,这些问题迟早会解决;有的是比较长期的,比如深层困难和障碍中的学习动机、学习行为和学习成效问题,还需要我们长期探索;而有的困难是教育游戏固有的,如本质困难和障碍中提到的游戏特性问题,这基本上是很难解决的。

当然,有这么多困难和障碍并不意味着教育游戏的发展没有意义,只是我们不能以一种理想的状态来要求教育游戏。比如,我们不能期望每一个学生都能高高兴兴地玩,也不能期望只依靠内在动机来保证学习成效,更不能期望游戏化学习方式全面取代传统学习方式。事实上,我们认为教育游戏就如其他信息技术软硬件一样,在可预见的将来,它们虽然不可能完全改变传统教学,但会越来越广泛地被使用。

第四节　游戏化教学未来的发展

前面介绍了大量的游戏化教学应用案例,即使这样,可能还是有人怀疑:游戏化教学真的有前途吗?大家想一想,现在特别流行的慕课、微课、翻转课堂等，其背后都有一个前提条件——学生是有学习动机的，他们愿意积极主动地去学习。如果学生失去了学习动机，那么一切学习就不可能发生了。所以，从这一点来说，游戏化教学一定会有光明的前途。

一、回归教学本质

（一）"学习"从游戏中来

在动物世界里，游戏是各种动物熟悉生存环境、彼此相互了解、练习竞争技能，进而获得"天择"的一种本能活动。随着人类的发展，游戏也被人类所利用和创造，人类的游戏不仅仅保留着动物本能活动的特征，还体现出作为高等动物的人类，为了自身发展需要的创造性。在著名的文化学家胡伊青加看来，游戏先于文明而存在，游戏孕育了文明。

原始人在生产劳动中，自然地发出呼声，这种行为的作用就是以自身的节奏去适应生产活动节奏的需要。在没有发明弓箭以前，人们主要以投击石块来狙击飞奔的禽兽，为了提高投掷的精准度，自然要进行类似的训练。为了生存而去反复训练直至掌握某种技能，这便是"学习"的最初形态。据《古今艺术图》云："秋千，北方山戎之戏，以习轻趫者。"山戎是春秋时期北方的一个古老部落，人们在山中生活，要狩猎、要采集野果，要躲避野兽的袭击，到深秋时迁徙，他们有可能会抓住藤条，荡过山涧，在达到目的地的同时，也感到了一种腾空飞跃的快感。

人们为了回味荡秋千时的那种刺激，更为了在平时的练习中掌握这种技巧，便把荡秋千这种游戏从日常生活独立出来，用于训练飞跃技能、学习采集技能（图5-3）。类似的还有用于军事训练的"蹴鞠"。

总之，游戏来源于人们的日常生活，而"学习"这种明确的掌握间接经验、习得生活技能的行为脱胎于游戏。

（二）游戏到"学习"中去

随着人类社会的发展，人们发现，在日常生活中通过运动、听故事、看表演等方式学习前人的生活经验已不能满足自己面对新情境、解决新问题的需要，因

1>图5-3
荡秋千

此需要相对独立的时间和空间，专门用来学习他人知道而自己不知道的知识。当年，孔子就在大树下、田间、道路旁将人集中在一起讲学，教师的教和学生的学便产生了。

孔子本人也是非常重视游戏的，他提出的"知者乐水，仁者乐山"不仅对后世文人的山水之游产生了很大的影响，还统一了知、仁与乐。他不仅实行包括游戏在内的全面发展的教育，更把游戏作为人格教化作用的手段。

可以说，在古代，教育、生活和游戏的关系是非常密切的，几乎是不可分离的。学习与"游戏"分道扬镳的明显标志是"业精于勤荒于嬉"的出现，游戏被社会异化为一种娱乐，这种娱乐活动与生产生活没有直接关系，是一些贵族或特定阶级才能享受和体验的精神活动。工业时代，随着夸美纽斯提出班级授课制，世人逐渐把教育和游戏对立起来。在世俗和功利的影响下，学校沦落为"教师照本宣科，学生死记硬背"的场所，学校教育变成"生产标准化学生的工业流水线"，因此受到广泛批评。[①]

① 尚俊杰，裴蕾丝.重塑学习方式：游戏的核心教育价值及应用前景[J].中国电化教育，2015（5）：41-49.
② 顾明远.教育要回归"人的发展"原点[N].中国教育报，2011-07-11（02）.

今天，我们再次强调游戏回到"学习"中去，是想重塑游戏不只是娱乐的观点，还是一种特有的看待世界的角度，一种脱胎于生活、又创造生活的方式。游戏化教学不只是给苦涩的学习裹上糖衣，它还应该拥有更大的价值和使命：用全新的方法组织知识，创造跨学科的学习体验。

（三）游戏与"教育"殊途同归

我国著名教育家顾明远曾讲过，必须回到教育原点培养人。学校教育要以学生为主体，以教师为主导，充分发挥学生的主动性。教育要让学生有时间思考，有时间学习自己喜欢的东西。教育要真正让学生活泼地学习，真正让学生在课上、在课外享受教育的幸福。[②]

在前面的学习中，我们知道，游戏精神指的是人的一种生存状态，它表示人能够挣脱现实的束缚和限制，积极地追求本质上的自由，这是人追求精神自由的境界之一。游戏的目标可以说也是让人追求精神上的自由、获得身心的快乐和幸福感。游戏对于教育有三层价值：游戏动机、游戏思维和游戏精神，游戏动机是最基础也最具操作性的价值，它强调利用游戏来激发学习动机；游戏思维则表示超脱出游戏形式，强调将非游戏的学习活动设计成"游戏"；而游戏精神则是最有价值的，强调学习者以对待游戏的精神和态度来对待学习过程和结果。游戏的终极目的就是通过重塑学习方式回归教育本质，让学生尽可能自由自愿地学习知识，并且积极、主动地思考，享受学习的快乐和生活的幸福。

从这点上说，游戏和"教育"殊途同归，都在为回归人的本质、学习的本质而努力。

二、游戏化学习发展趋势

事实上,美国新媒体联盟历年发布的比较有影响力的《地平线报告》多次预测游戏化学习(教育游戏)会在未来得到普及性应用;教育部协同创新项目发布的《国际教育信息化发展研究报告》也预测未来会有十种新技术在教育中得到应用,教育游戏也包含在内。

由此看来,未来教育游戏一定会在教育教学中得到广泛应用,而且,游戏化学习和其他新技术结合起来,还可能会产生如下发展新趋势。

(一)游戏化学习与移动学习相结合

最近几年,移动互联网为社会各领域带来了翻天覆地的影响,网上购物、移动支付、共享单车等,深刻改变着我们的生活,也改变着很多行业。

在教育领域,移动技术也得到了广泛应用,笔记本、手机、平板电脑纷纷进入课堂(图5-4)。依托平板电脑等移动设备,学生不仅可以看微视频、做虚拟实验、进行即时互动,还可以记录学习数据,这些为将来的个性化分析提供可能。

游戏化学习和移动学习关系非常密切,加拿大学者巴格利曾经分析了美国新媒体联盟从2004年到2012年期间发布的《地平线报告》。他指出这些报告先后提出了37项新技术,但是只有7项被后续的4份《地平线报告》证实,其中基于游戏的学习和移动学习就依次排在前两位。[①] 打开手机和平板电脑,我们可以看出在各种各样的App中,游戏的数量也是最多的,而且据说在苹果App Store中,给儿童开发的教育游戏也是最受欢迎的。如:《洪恩数学》让幼儿在角色行走、收集金币、小怪战斗中认识数字和学习加减法;《洪恩识字》根据字形、字义设计了"玩、认、读、练、写"等识字游戏环节;《小伴龙》是一款陪伴式游戏,让孩子与小伴龙在共同的闯关中学习儿歌、音乐、故事等;《分数切切切》是一款有趣的分数学习游戏,孩子通过切割正确分数让猛犸象渡过难关;《快速数学!》是一款锻炼孩子口算能力的游戏,能培养孩子的数感。

游戏化学习和移动学习结合有多种模式:第一种可以称为碎片式学习,利用手机"随时随地和你在一起"的特点,我们就可以把零碎时间利用起来,背背单

---

① BAGGALEY J. 全球教育地平线:离我们到底有多远[J]. 北京广播电视大学学报, 2012(6): 29-34.

1>图5-4
平板电脑课堂

词，玩玩游戏，以达到学习的目的；第二种可以称为基于电子书包的课堂互动式学习，教师可以应用平板电脑将一些App游戏融入课堂教学中；第三种称为情境感知学习，学生基于所在的地理位置学习相应的知识，这是利用手机的第二个重要特点——知道你在哪里，博物馆、科技馆经常使用第三种学习模式。麻省理工学院在增强现实游戏化学习项目中，就让学生拿着平板电脑，在城市里穿行，去解决问题，其实这类似于户外游戏。香港中文大学学习科学与技术研究中心也推出了类似的户外移动式游戏化学习项目（图5-5）。

（二）游戏化学习与STEM教育相结合

近年来，美国政府非常重视STEM教育。所谓STEM，指的是科学（science）、技术（technology）、工程（engineering）、数学（mathematics）四个学科。[①]当然，STEM并不是说孤立地教四门课，而是强调将这几个学科融合在一起，并且尽可能培养学生在真实世界中解决真实问题的能力。

① 目前，艺术（arts）也被整合到STEM教育中，形成STEAM课程。

在我国，STEM逐渐受到重视。为了推广STEM教育，机器人、3D打印、可穿戴设备、智能体等技术都应用到了其中，比如现在很多学校都在推广基于机器人或3D打印的创客课程。

在STEM教育中，游戏化学习其实一直在扮演重要的角色，比如麻省理工学院推出的Scratch平台，就被应用到了STEM教育中。Scratch其实就是一个游戏化的、可视化的编程工具。用户在里面可以通过拖拉模块开发动画和游戏等。它不仅可以编程，还可以选购外部硬件设备，如果购买了相关硬件，就可以通过控制外部硬件设备来进行更复杂的编程学习。

现在市面上还涌现出很多好玩的可穿戴设备或智能体，利用这些设备或智能体，我们也可以设计非常有趣的又富有教育意义的游戏，比如图5-6是Sifteo公司推出的神奇的电子积木，在每块积木上都有一个屏幕，简单地说这些屏幕就是一台小电脑，操作这些积木就可以玩各种各样的游戏。用这种电子积木玩游戏的好处是可以系统记录玩家的所有操作行为，这就为未来的个性化分析提供了可能。比如，我们可以通过分析玩家搭电子积木的过程来评价他们的创造力。

1>图5-5
香港中文大学开展的户外移动式游戏化学习项目

（三）游戏化学习与脑科学相结合

最近一些年，脑科学发展非常迅速。2013年美国启动"脑计划"，希望投入巨资把人脑尽可能地研究清楚一些。中国和欧洲一些国家也纷纷宣布投入巨资开展脑科学研究。

游戏化学习与脑科学的关系也非常密切。*Nature*、*Science*等著名期刊发表了多篇文章探讨游戏化学习与脑认知能力的关系。事实上，Lumosity网站已经发布了很多款游戏，开发者宣称这些游戏对提高人的大脑的注意力、判断能力、记忆力是很有帮助的。比如，在图5-7所示的游戏中，屏幕上有几辆小火车，不同颜色的小火车需要停到不同颜色的车站里去。但是这中间有些岔道，需要玩家及时搬动岔道才能通行。随着游戏的进行，小火车会越来越多，玩家处理起来也会手忙脚乱的，Lumosity网站认为这样的游戏有助于培养人的注意力和多任务处理能力。

① KESLER S R, SHEAU K, KOOVAKKATTU D, et al. Changes in frontal-parietal activation and math skills performance following adaptive number sense training: preliminary results from a pilot study[J]. Neuropsychological Rehabilitation, 2011, 21(4): 433-454.

还有许多学者从认知科学的层次方面研究游戏与教育的关系。比如，斯坦福大学凯斯勒教授评估了游戏化学习对提升特纳综合征患者数学能力的作用。研究结果显示，患者的计算能力、数字常识、计算速度、认知灵活性、视觉空间处理能力都有显著提高，而且患者的脑活动模式发生了改变。①

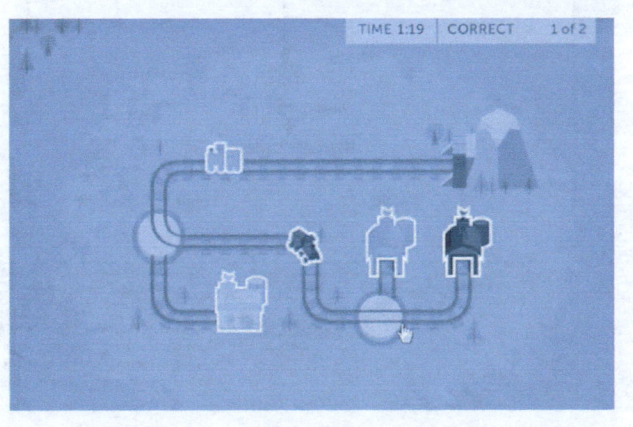

1>图5-6
Sifteo Cubes
2>图5-7
Lumosity网站的游戏

再如，斯坦福大学的AAA实验室（Awesomely Adaptive and Advanced Learning and Behavior）努力尝试将认知科学的研究成果、编程技术力量与课堂实践经验结合起来，他们开发的《教育代理》（Teachable Agents）游戏就是一款让学生利用概念图教会电脑代理学习，以实现自身学习目的的游戏（图5-8）。长达两年的反复实验，证明了该游戏确实能促进学生的深度学习。[①]

① CHIN D B, DOHMEN I M, SCHWARTZ D L. Young children can learn scientific reasoning with teachable agents[J]. IEEE Transactions on Learning Technologies, 2013, 6(3): 248-257.

当然，脑科学研究非常复杂，目前都还在实验室研究阶段，尚不足以大面积推广。不过，随着脑科学研究的突破，未来游戏化学习的前景可能会越来越广阔。

以上只是谈了移动学习、STEM教育和脑科学，其实还有很多新技术也可以和游戏化学习相结合，比如虚拟现实（VR）和增强现实（AR）等技术，在这些技术的共同推动下，我们或许真的可以让学生更加快乐、更加高效地学习。

● **本章小结**

本章主要从如何指导游戏化教学、如何评价游戏化教学、如何为游戏化教学保驾护航、游戏化教学未来的发展四个方面对游戏化教学进行了深度的剖析与思考。最后本章提出，不论是哪种形式的教学都要回归教学的本质。

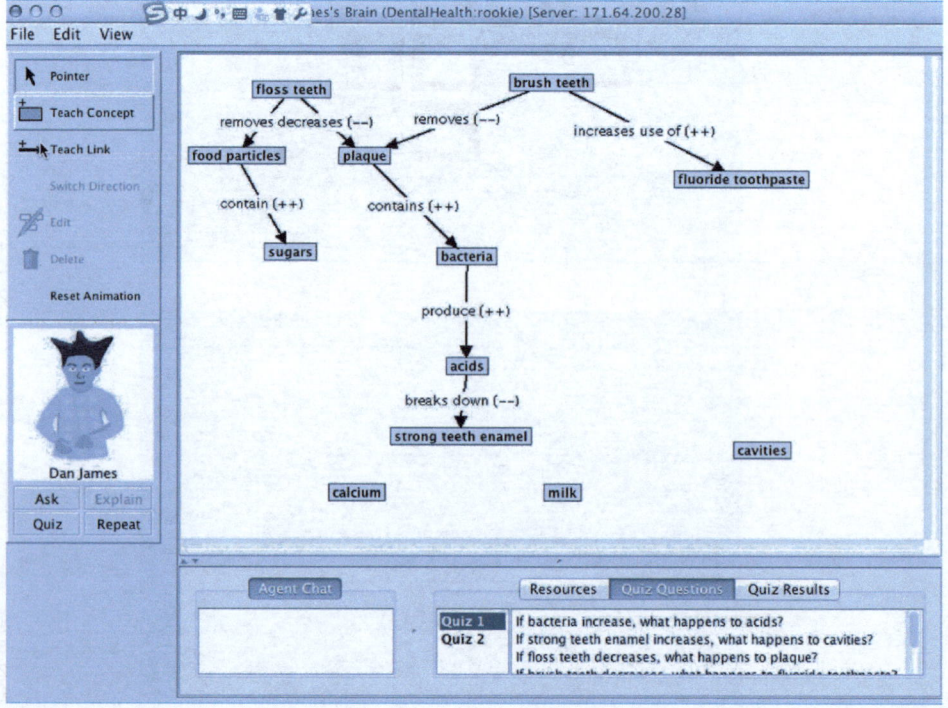

1>图5-8
Teachable Agents 游戏

Q1：您在课堂上指导学生开展游戏化教学的过程中还有什么困惑呢？

黄倩莹：
看了大家的评论，我感同身受，觉得大致游戏化教学有几类问题。第一，自身问题。自身教学设计有所欠缺，导致课堂效果不好，游戏设计不好，与教学目标不符，与学生兴趣不符，时间进度跟不上等。我觉得我们作为教师，需要慢慢磨炼，毕竟这是一种新的教学方式，并不能一蹴而就。多尝试，才能积累经验；多反思，才能做得更好。第二，外界问题。领导不理解，学生不配合，其实这些看似是别人的问题，归根结底还是自己的问题，是沟通以及班级建设的问题。领导不理解，我们可以先倾听，认真思考后再解释，不要觉得自己那么辛苦设计一节课，没被认可就伤心了。我们应该好好反思自己是不是还有哪些地方不够好，这样才能慢慢改进教学。学生不配合，心思收不回来，这些是班级风气以及纪律问题，教师应该做好引导、调查以及改进，争取让大部分孩子主动配合。初期的班级建设尤其重要，我们应该重视。当然坚持也是很重要的，教学模式、教学风气不可能说变就变，我们作为改造潮流中的先锋应该勇于创新、坚持创新，踏踏实实，一步一个脚印，让这种风气盛行，终有一日会开花结果。当然以上说得比较理想，但我们既然改变不了别人的做法和想法，为什么不先做好自己，改变自己呢？各位同仁加油！

Q2：根据老师们平时的教学经验，在使用游戏化教学的过程中，如何识别学生不仅仅是在轰轰烈烈地玩，也是在高高兴兴地学呢？

沙河农场叶鑫：
这需要及时的课堂提问和课堂小测、学生对课堂感受的反馈、教师敏锐的观察力！

黑龙江省沙河农场学校王清华：
我认为主要可以通过对学生游戏过程的观察及游戏后学生的反思两个方面来实现：在游戏过程中，观察学生是否可以很好地与其他同学互动、交流，能否遵循教师对学业知识、游戏经验的引导；在课后反思过程中，教师通过学生提交的总结发言、游戏日志、课堂作业等对其学习效果进行判断。

Q3：您在教学中是如何与家长沟通游戏化教学方面安排的？

梦露的微笑：
幼儿园的教学以游戏为主，我们会举出很多实际的案例向家长展示游戏的重要性，也会开展不同的亲子游活动让幼儿和家长一起爱上游戏。游戏化教学真的很需要家长的支持与配合。我们会定期发布小的游戏任务给幼儿，先让家长旁观，然后，在第二天的课上进行游戏时，我通过录小视频的方式让家长观察孩子们的变化，这样会更有说服力。

马静0325：
首先，我通过家长微信群告知家长开展游戏化教学的益处及开展游戏化教学活动的大致安排，争取家长的支持。其次，我邀请部分对游戏化教学感兴趣的家长参与我的游戏化课堂教学活动，让他们也感受游戏化教学的重要性。最后，我将孩子在课堂过程的各种表现及学习进步情况及时向家长反馈，以达到家园共育的目的。

第六章
游戏化教学案例

○ **学习目标**

学习来自一线教师的优秀案例,获得实践智慧

  上周,小张老师在北京大学了解了游戏化教学法的奥妙。所谓"师傅领进门,修行在个人",接下来小张老师就要在实践中不断地尝试、学习,与学生一起进步。另外,她得知北京大学教育游戏研究团队开发的游戏进课堂创新计划网站分享了很多精彩的游戏案例,可供大家学习。

▎知识导图◢

游戏化教学案例

英语
Recycle 1
（1—3单元复习）

综合
小熊搬家

语言
绘本《七只瞎老鼠》

体育
支撑移动

实践活动
搭配中的学问

我是小小调度员
数学

第一节 "小熊搬家"教育活动

> **案例基本信息**

课程：幼儿园中班综合活动。

教师：上海市静安区常熟幼儿园陈蕾、应佳雯、孔佩文。

来源：中国教育技术协会教育游戏专业委员会2016年年会一等奖案例。

> **教学目标及重难点**

1. 教学目标

（1）能根据物品的特点，用多种方法搬运物品，积累相关经验。

（2）愿意利用提供的操作材料进行各种尝试。

2. 教学重难点

能根据物品的特点，探究搬运物品的不同方法。

> **游戏化教学设计**

教师从幼儿在日常生活中遇到的实际问题出发，设计了"小熊搬家"的游戏情节，根据游戏情节的发展，梳理并深化幼儿的已有经验。幼儿在与材料充分互动的过程中，通过自主探索，积累、梳理并建构相关的经验。活动过程如图6-1所示。

1. 导入

教师讲述故事：小熊马上要搬家，住新房子啦！一家人整理出不少东西，准

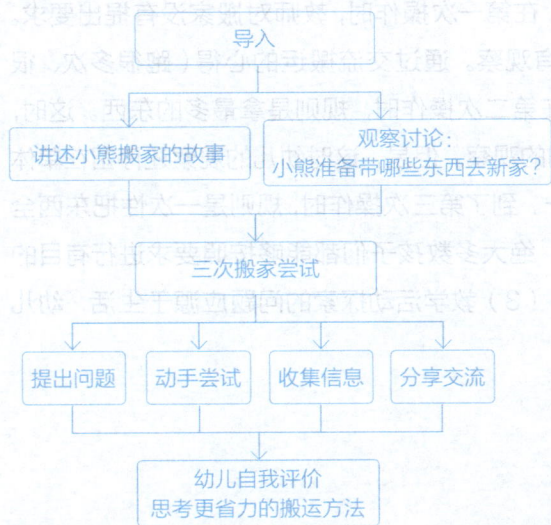

图6-1 "小熊搬家"活动过程设计

备带到新家去。他们叫来了一辆货车运送物品。熊爸爸负责推大橱，熊妈妈要搬大箱子，小熊负责把自己的东西搬到车上。

请幼儿观察讨论：小熊准备带哪些东西去新家？

2. 三次搬家尝试

活动分为提出问题、动手尝试、收集信息、分享交流四个环节。① 提出问题。教师提出问题，说明活动规则。② 动手尝试，共三次。第一次尝试，幼儿帮助小熊将物品搬上车（在此过程中幼儿发现来来回回多次搬运非常累）；第二次尝试，幼儿帮助小熊寻找一次搬更多物品的办法（幼儿通过多次尝试与分享，发现多种整理与搬运的方法）；第三次尝试，幼儿需要完成挑战——一次性把所有的物品从车上搬到新家去（幼儿需要使用多种方法）。③ 收集信息。教师在幼儿搬家活动过程中观察幼儿的行为和其使用的方法。④ 分享交流。教师引导幼儿分享搬运的体会和搬运的多种方法。

3. 幼儿自我评价

活动最后是幼儿自我评价环节。幼儿在活动中将各种搬运方法记录在记录板上，以贴贴纸的方式选择自己使用过且认为有效的方法。

在整个活动过程中，活动目标自然地隐藏在游戏中，教师为幼儿自主建构搭建脚手架。幼儿在活动中情绪高涨，为了帮助小熊，面对难度层层递增的"挑战"，始终能积极应对。

● **教学反思**

基于对幼儿的日常观察和前期经验的了解，我们才着手设计活动。可是，这么一个低结构的素材点，怎么才能体现出集体活动的价值？我们怎样才能让枯燥的整理变得有趣，引发孩子们积极的探索呢？我们进行了以下的思考。(1) 为幼儿自主建构搭建脚手架。教师不需要"教"孩子该怎么做，而是鼓励、支持幼儿自主与物品充分互动，探索物品的特点及适宜的搬运方法。(2) 观察要层层递进，增强幼儿观察的目的性和细致性。在第一次操作时，教师对搬家没有提出要求。这时孩子们只是盲目拿取，很少有观察。通过交流搬运的心得（跑很多次、很累），幼儿开始关注物品的特点。在第二次操作时，规则是拿最多的东西。这时，大部分幼儿在操作前进行了有目的的观察。但是，这时幼儿的观察还停留在单体特点上，因此使用的方法也较单一。到了第三次操作时，规则是一次性把东西全部搬走。在前两次操作的基础上，绝大多数孩子们都能够按照要求进行有目的的观察，并且能将方法进行组合。(3) 教学活动探索的问题应源于生活，幼儿获得的经验也应随之回归生活。

● **案例点评**

教育回归生活是当前教育发展的主流趋势。如前所述，在"小熊搬家"这个教育活动中，教师从幼儿在日常生活中遇到的实际问题出发，设计了"小熊搬家"的游戏情节，根据游戏情节的发展，梳理并增强幼儿的已有经验。幼儿在与材料充分互动的过程中，通过自主探索，积累、梳理并建构相关的经验。活动的游戏化设计简单、有趣、有意义。

第一，难度水平递增，促使幼儿沉浸在活动中。

回顾第二章游戏的"心流"理论，我们知道保持挑战技能与已有经验的平衡能使玩家进入沉浸状态。"小熊搬家"这一游戏活动设计由易至难，教师先从简单的随意拿取组织幼儿搬家，逐步引导幼儿观察物品特点，再逐步增加游戏规则——拿最多的东西、一次性拿走全部东西，通过规则的变换增加游戏难度。随着难度递增，幼儿逐渐提升技能水平，在保持沉浸体验的同时学会思考。

第二，在过程中总结，引导幼儿玩中学。

交流总结是游戏化探究学习的必要环节。教师在游戏中引导幼儿探究又快又高效的搬东西的方法，其方式是让幼儿相互交流、不断总结、彼此学习。在这个综合活动中，幼儿从实践中学到的不仅仅是物品搬运的快捷方法，还锻炼了相互学习、不断总结的能力。这个活动体现了玩中学的教学理念。

第三，教师转换角色，把课堂还给幼儿。

我们在第五章教师如何指导游戏化教学一节中，特别强调不管是哪种方式，只要用了游戏，就要特别注意引导学生进行反思。在"小熊搬家"这个活动中，教师自己扮演了游戏情境的塑造者、游戏环节的引领者、游戏规则的说明者、经验分享交流及反思的组织者、幼儿游戏过程的观察者，每一个身份都有效促进幼儿反思，也将课堂还给了幼儿。

整个活动值得我们学习、借鉴的地方不仅仅局限于学前教育领域，每一个学段的游戏化教学设计都应向"小熊搬家"学习：将游戏环节简单化；通过规则将难度阶梯化；有意改变教师角色，让学生从课堂中收获更多。

第二节 绘本《七只瞎老鼠》教育活动

> **案例基本信息**

课程：幼儿园中班语言活动。
教师：上海市静安区常熟幼儿园王佳圆。
来源：中国教育技术协会教育游戏专业委员会2016年年会一等奖案例。

> **教学目标及重难点**

1. 教学目标

（1）理解故事，倾听、推断瞎老鼠表述的信息，体会整体把握事物的重要性。
（2）能用语言描述事物的外形特征，能根据同伴的描述猜测具体事物。

2. 教学重点

用恰当的词清楚地表达看到的事物，并在游戏中巩固运用。

3. 教学难点

全面收集信息，懂得观察事物要全面，不能妄下定论。

> **游戏化教学设计**

阅读不只是讲故事，语言表达不只是复述，这两者是一种融观察、记忆、表达、想象等多种认知活动于一体的综合过程。《七只瞎老鼠》的故事也许用两三句话就可以讲述完，但是如何挖掘其深层次的价值并符合幼儿当前的认知水平则是需要我们不断思考和实践的。另外，组织语言是口语表达的一项基本功。大班幼儿虽然在词语的积累上有了较大提升，但在表达时还会抓不住重点，语言零散、重复、没有条理，显得啰唆。而本活动的游戏设计恰恰可以引导幼儿说得准，说得精。活动过程如图6-2所示。

1. 听故事

七只瞎老鼠在一起，他们出门会遇上什么样的事儿呢？我的故事就从这儿开始了，请你们一起来听故事。

问题导入：今天的故事里藏着几位有趣的动物朋友，这几位动物朋友都有一条细细长长的尾巴，你觉得他们会是谁？

认识瞎老鼠：这七只老鼠有什么特别的地方？

引疑激趣：奇怪了，他们遇到的不是同一个东西吗？为什么说得都不一样呢？

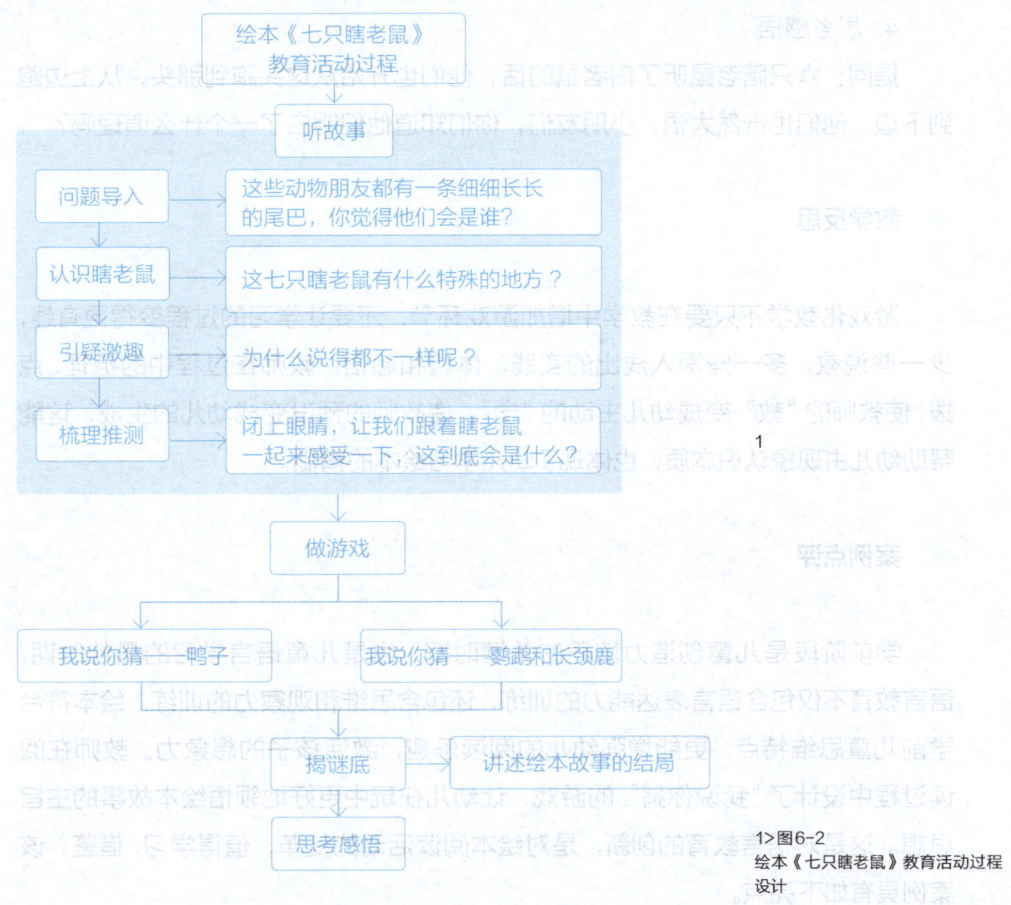

图6-2 绘本《七只瞎老鼠》教育活动过程设计

梳理推测：闭上眼睛，让我们跟着瞎老鼠一起来感受一下，这到底会是什么？

2. 做游戏

（1）集体游戏（我说你猜——鸭子）

规则：画板有4扇窗口，在画板后藏着一位动物朋友，从这4扇窗口我们能够看到这位朋友的四个部分；请四位小朋友上来，分别观察教师准备好的画板，每人只能选择图片上的某一部分进行观察并依次做简单描述，不能重复，不允许说出动物的名称，其他小朋友们不能看画板，根据描述猜猜画板上画的是哪个动物。

（2）分组游戏（我说你猜——鹦鹉和长颈鹿）

规则：教师将幼儿分成两组，分别给每组幼儿准备好一张动物画板，幼儿进行观察并依次描述图片上的各个部分，不能重复，不能说出动物的名称，请另一组的幼儿来猜一猜。

3. 揭谜底

教师：你们真棒，不仅看得仔细，还能说得清楚。不过故事里的白老鼠还是很想自己亲自去摸一摸，他想弄明白到底是不是和他们说得一样？所以第七天，他也出门了！（继续讲述故事最后一段。）

4. 思考感悟

提问：六只瞎老鼠听了白老鼠的话，他们也开始从这头跑到那头，从上边跑到下边，他们也恍然大悟。小朋友们，你们知道他们明白了一个什么道理吗？

● **教学反思**

游戏化教学不只要在教学中增加游戏环节，还要让学习的过程变得更有趣，少一些说教，多一些深入浅出的实践、体验和感悟。教师在过程中的梳理、点拨，使教师的"教"变成幼儿主动的"学"，使教师的预设变成幼儿的生成，这能帮助幼儿由现象认识本质，也体现了幼儿学习绘本的精髓。

● **案例点评**

学前阶段是儿童创造力培养的关键时期，也是儿童语言学习的最佳时期，语言教育不仅包含语言表达能力的训练，还包含思维和观察力的训练。绘本符合学前儿童思维特点，更能增强幼儿的阅读乐趣，激活孩子的想象力。教师在阅读过程中设计了"我说你猜"的游戏，让幼儿在玩中更好地领悟绘本故事的主旨思想。这是对语言教育的创新，是对绘本阅读活动的变革，值得学习、借鉴。该案例具有如下亮点。

第一，围绕能力培养，游戏起到画龙点睛的作用。

如教师所言：阅读不只是讲故事，语言表达不只是复述，这两者是一种融观察、记忆、表达、想象等多种认知活动于一体的综合过程。如果单纯通过多媒体设备辅助讲解《七只瞎老鼠》的故事，幼儿只能获得关于全面思维和全面观察的间接经验，没有深刻体会，表达能力也得不到锻炼，整堂课是以教师为主体的。而该活动将绘本故事总体分为开头、发展、结局，开头教师设疑：七只瞎老鼠遇到同一个物体，但是为什么说得都不一样呢？故事如何发展呢？幼儿通过"我说你猜"两个游戏感受通过局部想象整体，这两个游戏与《七只瞎老鼠》有异曲同工之处，同时也锻炼了幼儿的语言表达能力和合作学习能力。在游戏结束后，大家回到绘本的结局，七只瞎老鼠整体上摸了大象，猜出了是什么动物，这是对绘本故事和游戏的总结。幼儿从游戏实践和阅读中获得感悟，学会了观察、倾听、交流、考证。可以说，游戏活动对整个活动目标的达成起到了画龙点睛的作用。

第二，创新语言教育，创新绘本阅读活动。

在"我说你猜"游戏中，幼儿不是被动的。说的一方不仅要学会观察，还要思考怎么说，比如观察、说出动物有哪个特色部位。使用游戏化的学习活动达成多方面能力的训练，是对语言教育的创新。绘本阅读本身是通过丰富的故事情节和配图激发幼儿兴趣的，而是否能从阅读中获得经验和思维方式并不确定的，若以游戏化活动介入，与绘本故事相得益彰，就能更好地促进幼儿在阅读中的理解和感悟。

第三节　Recycle 1（1—3单元复习）

> **案例基本信息**

课程：小学三年级英语。

教师：重庆市大足区中敖镇中心小学杨易、杨彪。

来源：中国教育技术协会教育游戏专业委员会2016年年会一等奖案例。

> **教学目标及重难点**

1. 知识目标

（1）学生能听、说、认读以下单词。

文具：ruler、eraser、pencil、crayon、bag、pen、pencil box、book；

颜色：red、yellow、green、blue、black、brown、white、orange；

身体部位：face、ear、eye、nose、mouth、arm、hand、head、body、leg、foot。

（2）学生能听懂、会说句型："Hello!""Hi!""Good morning.""Good afternoon.""How are you?""I'm fine.""Bye.""Nice to meet you."。

2. 能力目标

（1）能在实际情境中灵活运用语言进行问候和交友；

（2）在日常生活中能正确使用已学的文具类、颜色类和身体部位类单词；

（3）培养合作学习能力。

3. 情感目标

（1）建立友好的朋友关系，懂礼貌，讲文明；

（2）提高学习英语的兴趣。

4. 教学重难点

（1）教学重点

① 听、说、认读词汇和句型；

② 提高英语学习的兴趣度和积极性。

（2）教学难点

① crayon、red、brown、black、brown、mouth的发音；

② 正确区分eye和ear，hand和head；

③ 在日常生活灵活运用所学句型进行日常交流。

> 游戏化教学设计

1. 复习Unit 1文具类单词和句型

（1）Show me...

游戏玩法：教师发出口令——show me your pen/pencil/ruler，学生则需快速拿出相应的文具，快者获胜。在教师示范后，可由同学扮演小老师继续进行游戏。

设计意图

第1个游戏能锻炼学生的听力和反应能力。学生把听到的英文快速地转换为相应的实物。第2个游戏则能让全体学生在不知不觉中反复操练所学单词，在游戏中达到熟练掌握单词的目的。

（2）Hide and seek

游戏玩法：请一名学生闭上眼睛，教师将一张单词卡片藏在其他同学身上，闭眼同学则睁开双眼寻找卡片。全体同学边拍手边读单词来给其提示。当他离卡片近时，全体同学则快且大声地说单词；当他离卡片远时，全班同学则慢且轻地说单词，猜错三次则罚演一个节目。

2. 复习Unit 2颜色类单词和句型"I like..."

（1）火眼金睛

游戏玩法：利用PPT多媒体设备，设置不同颜色的快速闪现效果，谁先说出该颜色谁就获胜。

设计意图

游戏"火眼金睛"能锻炼学生的注意力和快速反应能力，同时帮助学生达到熟悉单词的目的。游戏"我爱保龄球"能让学生在有趣的体育运动游戏中操练单词和句型，提高英语学习兴趣和积极性。

（2）我爱保龄球

游戏玩法：教师准备七个本单元所学颜色的纸杯和一个小球，把水杯摆放成保龄球模样，让学生玩打保龄球。学生需用"I like..."句型说出被击倒的水杯颜色，击倒最多者获胜。

3. 复习Unit 3身体部位单词和句型"This is my..."

（1）Touch Touch Touch

游戏玩法：教师发出口令——touch your mouth/eyes/ears，学生快速摸指定部位，动作快者获胜。

设计意图

教师通过游戏"Touch Touch Touch"让学生在全身反应法中熟悉和记忆单词。游戏"我是小画家"让孩子们在英语课中也能享受画画和体育竞赛带来的快乐，同时在不知不觉中学习和掌握英语知识，并培养合作学习能力。

（2）我是小画家（图6-3）

游戏玩法：分小组进行接力画比赛，教师需要为每组准备好一套本单元单词卡片并打乱顺序，小组成员以接力方式跑到卡片前读出该单词，并快速地在黑板上画出卡片单词所表示的身体部位，最先完成人物画像的小组获胜。

"我是小画家"游戏课堂实录

1>图6-3
"我是小画家"
游戏课堂

设计意图
在这个游戏中,学生不但需要用嘴读单词,还得用脑记单词的排序,在竞猜的游戏过程中逐渐培养注意力和记忆力。

设计意图
"单词银行"游戏非常适用于单词复习环节,让学生在复习单词的过程中也体验着未知的刺激和精彩。

设计意图
这是考验学生单词认读能力和判断能力的一个游戏,只有能准确读出并能击中卡片者才能赢得游戏。

4. 趣味操练

（1）最强大脑

游戏玩法：教师拿出本堂课所复习的三个单元所有单词的卡片,让学生进行朗读。第二轮时,教师随意停下,让学生回忆并猜测下一张卡片是什么,也可让多名学生进行猜测,最后公布答案,进行下一轮游戏,依此类推,猜对次数最多者可获得"最强大脑"称号。

（2）单词银行

游戏玩法：教师准备好单词卡片,并在每张卡片背后标注不同数量的学习币,学生读出该单词便可得到相应数量的学习币,充实自己的单词银行。

（3）飞机大作战

游戏玩法：教师准备纸飞机一个,继续利用上个游戏的单词卡片。学生读出想击中的单词,用纸飞机击中该卡片就能加上相应数量的学习币,未击中则扣除同等数量的学习币。

5. 课堂小结

请学生总结这堂课学到的英语知识和英语学习方法。
师生共同评选出本节课的英语之星。

● **教学反思**

　　针对不同英语基础的孩子,我设计了各种难易程度的游戏,由易到难,循序渐进,让孩子们在各种充满未知挑战的游戏中锻炼英语听、说、认读能力,让他们不再惧怕英语,能勇敢地说英语,从而逐渐爱上英语。但同时由于学生年龄小,在玩游戏的过程中,有少数孩子仍控制不住自己的情绪和行为,导致课堂秩序受到了一定影响。以后在设置游戏环节的过程中我还应该注重奖惩并行，给不遵守游戏规则和课堂纪律的学生扣分，从而让整个教学在轻松有序的环境中开展。

● **案例点评**

这是游戏化教学应用于复习课的典型案例，教学对象是刚接触英语的孩子们，他们对英语学习既陌生又好奇，大部分学生表现出浓厚的学习兴趣，但仍有少数学生还对英语有所畏惧。复习课在整个教学中是相对枯燥的，而且学习任务较多。本节1—3单元的半期复习课以游戏活动为主线，让学生在游戏中加强记忆，在紧张而有趣的游戏过程中复习。复习游戏设计具有如下特点。

第一，任务花样多，复习不无聊。

案例共包含9个小游戏，整堂课紧张、紧凑，游戏规则及内容依据所要达成的复习目标而确定，规则调控整个课堂的节奏，有快节奏的抢答，有打保龄球式的稍慢节奏，这让原本枯燥的复习课变得有趣，值得期待。在效果上，游戏化的复习方式更能加强学生的记忆，比如，接力画画，画出单词对应的人体部位。小游戏迁移性强，可以在其他学科应用。

第二，充分交互，有挑战、有进步。

在整个教学过程中，每个游戏都促使学生形成竞争或合作的关系，充分互动，并让学生与游戏工具充分交互，如"我爱保龄球"游戏。每个游戏虽然是对教学内容的复习，但又考查了学生的了反应能力和记忆力，因此是有一定挑战难度的，正是在这样的挑战下，学生对所复习的内容印象才能更加深刻。

第三，调动学生多种感官，达成复习目标。

游戏使用全身反应法设计，学生在循环反复的练习中复习英语，并且全身心参与游戏活动。

然而案例也有可以提升和改善的地方，如9个小游戏之间没有情节之间的联系，知识点偏多，教师可以通过设计故事情节将小故事串联起来，并择要对知识点进行考查。

第四节 快乐支撑，游戏童年

> **案例基本信息**

课程：小学三年级"体育与健康"。

教师：上海市嘉定区方泰小学赵姜燕。

来源：中国教育技术协会教育游戏专业委员会2016年年会一等奖案例。

> **教学目标及重难点**

1. 教学目标

（1）尝试进行各种支撑移动的练习，增强上肢、肩带等的力量。

（2）学习支撑移动游戏方法与规则，体验团结就是力量的运动乐趣。

（3）激发学习支撑的兴趣，体验支撑练习带来的运动乐趣。

（4）尝试进行简单的评价，树立合作学习的意识。

2. 教学重点

直臂顶肩。

3. 教学难点

身体重心配合手臂的移动。

> **游戏化教学设计**

支撑移动是小学"体育与健身"课程基础内容——"支撑与悬垂"中的一项主要教学内容，是一项对上肢力量、腰腹力量以及身体的协调性有着较高要求的运动。这一教学内容对于学生今后学习各种倒立和单杠项目将起到很好的辅助及铺垫作用。

支撑移动需要用手臂将身体支撑于地面、椅背、桌沿、低单杠等之上，并且通过身体重心移动，两手交替移动一段距离。其中，直臂顶肩、收腹、身体重心与手臂移动的配合是支撑移动的关键。本节课在游戏中让学生强身健体，学习支撑移动技能。教学过程如图6-4所示。

1. 常规教学和热身活动

采用常规教学方式开始这节课，并带领学生进行热身活动。

2. 支撑移动

活动：COPY不走样。

规则：教师示范各种静态支撑移动动作，学生进行模仿，结伴练习，教师对个别学生动作进行个别辅导。

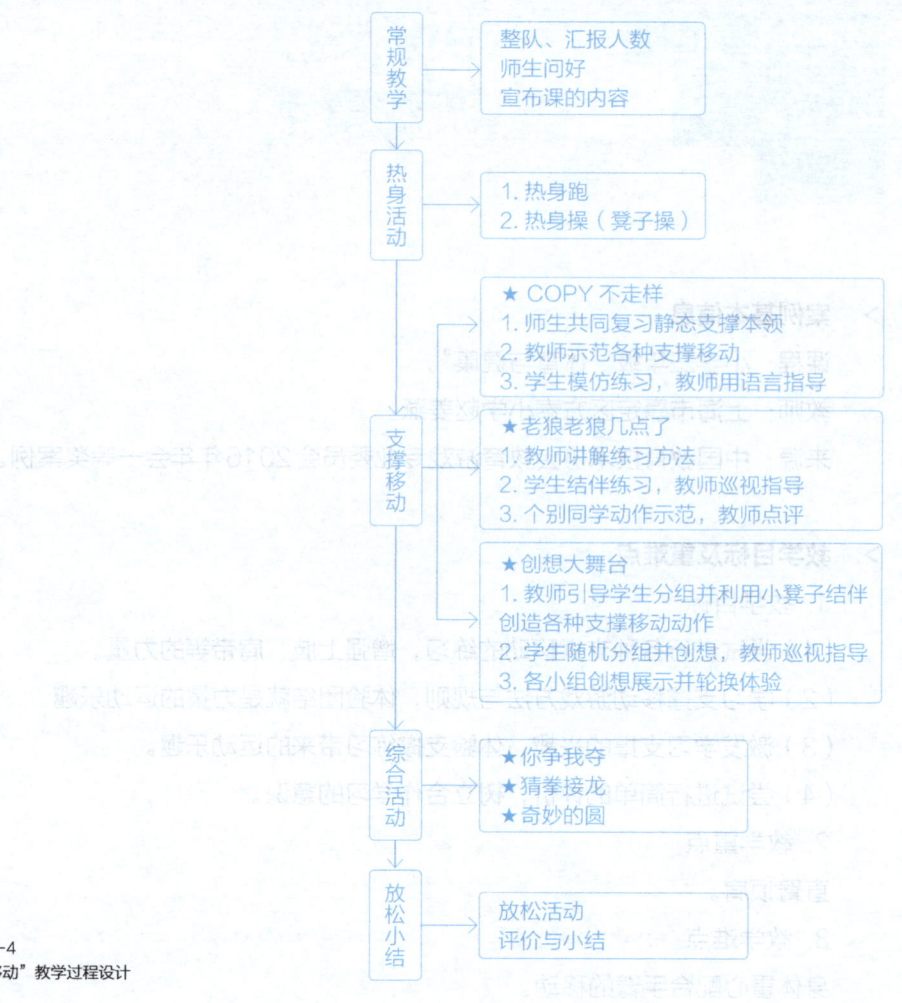

图6-4 "支撑移动"教学过程设计

（1）游戏一：老狼老狼几点了。

规则：两个人一组（脚踩在小凳子上，手撑于地面），一个人扮演时针，一个人扮演分针。以正北方为12点方向，教师说一个时间点，两个人合作用支撑移动的动作将这个时间点呈现出来。（对钟表熟悉、默契配合是关键。）

（2）游戏二：创想大舞台。

规则：教师在课前给小凳子贴上不同的动物图案，按照小凳子上的动物图案，对学生随机进行分组，拿到相同动物图案凳子的为一组，每组挑选组长。随后小组成员尝试借用组内的小凳子实现各种支撑移动的方法。（积极创想和相互协作是游戏的重点。）

3. 综合活动

（1）游戏一：你争我夺。

规则：学生分成人数相等的五组，分别站于等距离的标志线后，同时将小凳子整齐放于标志线旁，教师发令后各组的第一名队员按逆时针方向跑向前一组，将前一组的一个小凳子拿回来。第二名同学要与前一名同学击掌后方可出发，整个游戏以接力的方式进行。（为了增加趣味，教师可更改要求，每一组的队员要用不同的方式将小凳子拿回来。）

游戏实录2

（2）游戏二：猜拳接龙。

规则：每个学生推着小凳子随意行走，在遇到同学后，两个人"石头、剪刀、布"猜拳，输的同学推着小凳子跟在赢的同学后面，赢的同学则继续猜拳。依此类推，最终全班同学变成一条"长龙"。

（3）游戏三：奇妙的圆。

规则：在变成一条"长龙"后，大家跟随"龙头"围成一个圆，并坐在小凳子上。全体同学朝逆时针方向等距离坐好（两凳子间距30～40厘米，按学生体型调节），随后双手抱头向后躺（双脚不离地），每一位学生的背部躺在后一位同学的大腿上。教师发令后，全体同学腰腹挺直，臀部离开小凳子，随后教师快速将所有的小凳子抽离。最终全体学生靠双脚共同撑起一个圆。（相互信任、共同努力、有足够的腰腹力量是完成游戏的关键。）

4. 放松小结

最后进行放松活动。同学之间对今天的表现进行互评，教师对活动进行小结，说明学生在活动中存在的问题和应该掌握的技巧。

● **教学反思**

通过一系列的游戏，学生们基本掌握了支撑移动的动作要领并且发展了上肢力量、腰腹力量与身体协调性，整堂课的教学效果良好。学生们很喜欢游戏，特别是在综合活动中有对抗性的游戏，大家相互鼓励、相互合作的氛围浓烈。但在整堂课中教师说得多，练习时间比较长，最后有点超时。如果各环节的内容更加紧凑一点，就更好了。

● **案例点评**

"体育与健康"是一门通过身体练习增进学生健康的课程，教师只有激发和保持学生的运动兴趣，才能使学生自觉、积极地进行体育锻炼。支撑移动是小学"体育与健康"课程基础内容"支撑与悬垂"中的一项主要教学内容，对上肢力量、腰腹力量以及身体的协调性有着较高要求。我们可以想象重复、单调的支撑移动练习一定会让学生身心疲惫，失去对该课的兴趣。在《快乐支撑，游戏童年》这个案例中，教师设计的小游戏能充分调动学生参与的热情，让学生在玩中自觉地进行了支撑移动动作的练习。该案例主要具有以下特点。

第一，团结协作完成任务，突显学科特点。

这个案例设计的五个小游戏都需要合作完成，如两个人合作呈现时间点、全班同学相互支撑拼成圆，在合作过程中，同学之间难免要交流沟通，大家相互鼓励、相互信任，这是培养学生合作精神、增强班级凝聚力的好方法。而这五个小游戏的规则和内容恰好是这节课的教学内容，游戏与学科内容的结合恰到好处。

第二，重视学生主体地位，确保每个学生受益。

新课程的核心思想是要以学生发展为中心，重视学生主体地位。常规的体育教学多遵循示范—模仿—练习—反思的流程，极少关注学生自身对动作的理解和感受。本节课的小游戏，充分地发挥了学生的主体作用，让每个学生都积极主动参与，并且在玩耍中进行练习。教师在游戏过程中贯穿了课程内容，纠正了学生的动作，使学生不是盲目地玩。

在学生评价的设计上，每个学生在游戏成功时都能够获得一定的分值，小组获得成功则小组成员均加分，并且教师还可以根据学生技术动作的掌握情况给附加分（熟练掌握三种及以上支撑移动的技术动作，并能移动一段距离加三星；熟练掌握两种支撑移动的技术动作，并能移动一段距离加二星；只熟练掌握一种支撑移动的技术动作加一星）。最后累加分值，评出冠、亚、季军，这样能够激发每个学生的内在动机。

第五节 "搭配中的学问"教学

> ## 案例基本信息

课程：小学数学三年级实践活动课。

教师：北京市顺义区杨镇中心小学陈曦。

来源：第三届游戏化教学优课征集案例。

"搭配中的学问"课堂实录

> ## 教学目标及重难点

1. 教学目标

（1）通过搭配两种不同事物的过程，培养有序思考问题的能力。

（2）在探索事物搭配规律的过程中，体会问题解决策略的多样性，渗透符号化思维。

（3）感受数学与生活的密切联系，培养利用数学方法解决问题的意识。

2. 教学重点

亲身经历搭配的过程，感受"有序搭配"的必要性，培养有序思考问题的能力。

3. 教学难点

在自主探索、合作交流中，掌握搭配中蕴含的规律。

> 游戏化教学设计

本课的教学设计从学生的生活经验和已有的知识背景出发，给学生提供了多样的数学活动和交流的机会。教师注重让学生在数学活动中经历"操作水平—表象水平—符号水平"的过程，在这个过程中提升学生的思维品质，把握数学本质。教学流程如图6-5所示。

1. 导入

通过珍妮的日记诱发学生的好奇心，导入教学内容。

2. 教学活动

（1）第1篇日记：换装游戏。

① 动手尝试：请你用手中的衣服进行搭配，看看有几种搭配方式？学生进行搭配活动并记录，教师播放音乐。

② 个性化学习对比：引导学生展示、交流。先展示无序搭配，让学生说说你是选择什么进行搭配的，其他学生说说对这种搭配方式的意见。再展示有序搭配，让学生说说你是选择什么进行搭配的，其他学生发表看法。教师询问大家：哪位同学的搭配不重复，而且能让人一目了然地看出来是几种搭配方式？你是怎么记录的？引导学生用符号表示具体物品。

设计意图

学生通过操作、观察、倾听、交流，以及在有序搭配和无序搭配的比较中，初步体验有序搭配、有序思考的必要性。

③ 探究衣服搭配的计算方法。

师：你刚刚获得了几种搭配方式呢？用乘法怎么表示？

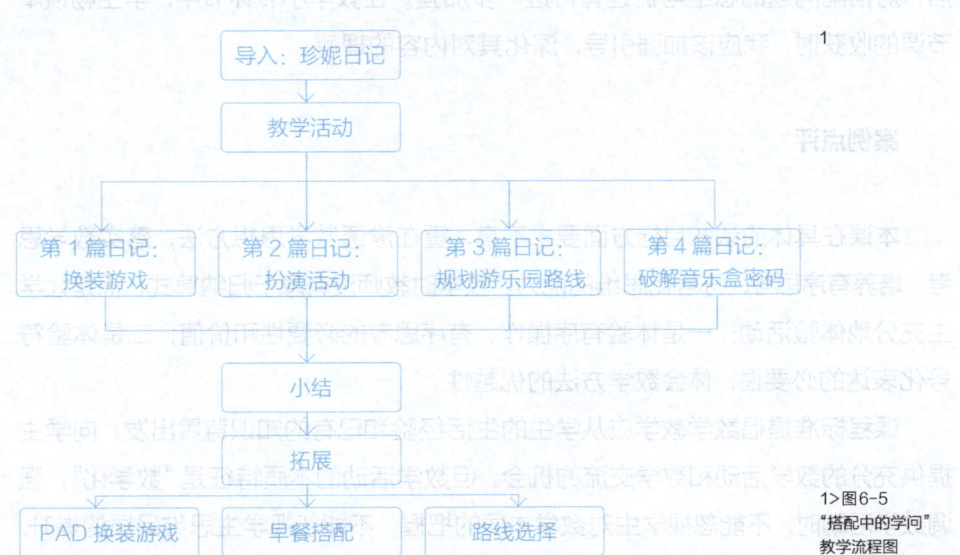

图6-5 "搭配中的学问"教学流程图

（2）第2篇日记：扮演活动。

① 连线组词。

② 扮演春姑娘、夏娃娃、秋姑娘、冬爷爷。

（3）第3篇日记：规划游乐园路线。

① 帮助珍妮猜测共有几条路线。

② 借助手上的小人在路线上走一走，看看有几种路线方案并用符号来表示路线。

（4）第4篇日记：破解音乐盒密码。

破解音乐盒密码，当学生答对时，教师打开音乐盒子。

3. 小结

师：通过读珍妮的笔记和你的思考，你获得了什么？

学生总结本节课所得。

4. 拓展

（1）利用PAD玩换装游戏。

（2）早餐搭配游戏。

（3）路线选择游戏。

● **教学反思**

本课教学密切联系生活实际，教师设计了与孩子生活息息相关的穿衣、吃饭、走路等情境，让孩子们在轻松的氛围中将有趣的生活问题抽象成数学问题，学生通过自主探索解决问题。本节课学生较好地完成了教学目标。

但是本课也存在一些问题。首先，教师对设备的操作能力有待进一步提高。在进行PAD电子游戏时，由于操作不熟练耽误了教学时间，这也是以后进行游戏化教学时必须注意的。其次，日后教学设计应注意活动的难度与层次。在教学过程中，我发现扮演活动的难度低于换装活动，应调换两个活动的顺序。最后，对搭配问题的总结与梳理有待进一步加强。在教学小节环节中，学生畅谈本节课的收获时，我应该加强引导，深化其对内容的理解。

● **案例点评**

本课在具体的认知目标方面要求不高，重在渗透数学思想方法，落实数学思考，培养有序思考、符号化思维的能力。教学时教师没有急于归纳算式，而是让学生充分地体验活动：一是体验有序操作、有序思考的必要性和价值；二是体验符号化表达的必要性，体会数学方法的优越性。

课程标准提倡数学教学应从学生的生活经验和已有的知识背景出发，向学生提供充分的数学活动和数学交流的机会。但数学活动的本质特征是"数学化"，强调数学活动时，不能忽视学生对数学本质的把握，不能忽视学生思维品质的提升。

本案例教师先让学生动手写一写，画一画，通过对比无序操作与有序操作，初步感知搭配有序化的数学本质。接着，教师借助"衣服搭配""路线搭配"等有趣的实例，让学生在运用数学方法的过程中进一步体会数学的魅力。学生在层层递进的数学活动中，遵循从物化到内化，由具体到抽象，由实物操作到表象操作再到符号操作的认知过程，逐步经历了"操作水平—表象水平—符号水平"的数学化过程。学生的体验因充分而深入，因有序而有效。

第六节 "我是小小调度员"教学

> **案例基本信息**

课程：小学二年级数学。
教师：上海市长宁区绿苑小学黄诗薇。
来源：中国教育技术协会教育游戏专业委员会2016年年会一等奖案例。

> **教学目标及重难点**

"我是小小调度员"课堂实录

1. 教学目标
（1）能正确识别东、西、南、北方位，逐步具有二维空间的方向感。
（2）根据小车的方位，推断移动顺序，并用路段描述路线，培养推理能力。
（3）在失败中总结经验，在尝试中走向成功。

2. 教学重点
能正确识别东、西、南、北方位，逐步具有二维空间的方向感。

3. 教学难点
根据小车的方位，推断移动顺序，并用路段的方式描述路线。

> **游戏化教学设计**

"赛车突围"游戏是从古代经典游戏华容道转变而来的一个数学游戏活动（图6-6）。教师结合小学二年级第二学期"东西南北"一课中街区图、方位、路段等知识点进行教学设计。这是一节培养学生方位感、推理能力、解决问题能力的数学课。教师主要采用游戏方式模拟路况，让学生由易至难地玩"赛车突围"游戏，在游戏中学习。学生们根据教师提供的谜题，将车按要求摆放好，通过水平或垂直方向移动车辆，达到让红色赛车退出出口的目的。完成任务且用时少者为胜。这个过程能培养学生的空间想象力、逻辑思维能力，挖掘学生潜能，培养学习兴趣，让学生在玩中学、玩中悟。活动设计有合作、有竞争、有独立思考、有操练，这也能培养学生独立思考的能力和小组合作的能力。教师希望在集体的智慧下，学生能想出多种调度方案。图6-7为本节课的教学过程设计。

1. 情境引入

观看Nibobo城车辆情况录像。

2. 体验尝试

（1）活动1：集体培训，了解规则。

规则：所有的车只能前进或后退，不能拿起；移开其他车辆，令红色赛车退出出口。

模拟现场1：独立尝试，获胜者分享窍门。

模拟现场2：两个人一组比赛，获胜者分享窍门。

（2）活动2：职业考核。

学生从教师指定的两幅图中任选一幅作为你的考题。

把调度过程完整地记录下来。

比一比，赛一赛：看谁能让红色赛车最快突围，获胜者分享窍门。

3. 交流分享

（1）学生上台领奖。

（2）学生交流经验。

● **教学反思**

在活动1模拟现场2中，我设计了一道有两种解题方法的题目。学生们大胆创新，很快就有了多种解题策略，充分体现了自主创新、合作交流的精神。在考

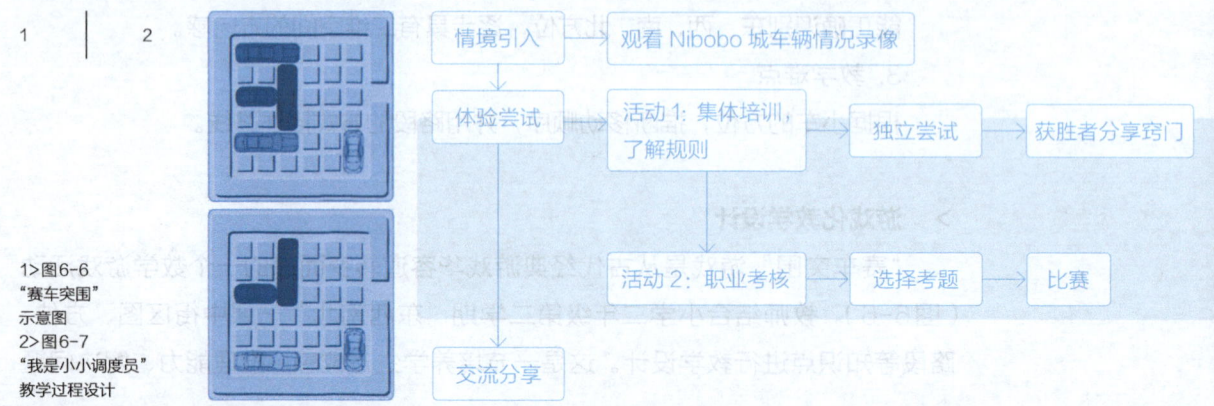

1>图6-6 "赛车突围"示意图
2>图6-7 "我是小小调度员"教学过程设计

核环节，我设计了"幸福二选一"活动，学生可以根据自己的能力分层学习。大多数学生选择了较为简单的第一种，但是我也很欣慰地看到部分有自信的学生选择了第二种。更有一位学有余力的学生，在规定时间内，把两道题都解出来了。看到不同层次的学生都有成功的体验，我很高兴。整体而言，本节课培养了学生的推理能力和综合考虑问题的方法，力求做到锻炼思维、启智激趣。当然这节课还存在一些遗憾，比如，应将移动赛车的过程具体化，这样学生能更好地理解每一个步骤的用意。再如，如何快速、正确地对每位学生的答案给出评价等，这些都是需要在以后的课堂中进一步思考和探索的。

● **案例点评**

这节数学课是将教育游戏应用于课堂的典型案例。在案例中，"赛车突围"这一小游戏被用于整节课的教学活动中，学生在遵守规则和难度系数递增的情况下让红色赛车退出出口。在应用这一游戏教学方面，本案例突出表现出如下特点。

第一，活动设计环环相扣。

课堂的总体设计流程为：（1）教师以视频引入情境，提高学生的兴趣；（2）教师让学生体验尝试，初步了解游戏规则，满足学生的好奇心；（3）学生交流分享，累积经验；（4）学生再次操作，独立解决问题；（5）教师引入比赛机制，帮助学生提高积极性，体会胜利的喜悦；（6）学生交流经验。可以看出，教师是在帮助学生建立脚手架后，让学生自主领悟，在增大游戏难度的过程中逐渐帮助学生提高能力的。游戏化教学活动的设计始终以学生为中心，从激发学生兴趣、满足学生的好奇心、激发其探究意识、引导其操作实践，到总结思考，环环相扣，学生知识能力在这个过程中得到提升。"赛车突围"游戏的应用恰好为整个教学活动开展提供了支撑。

第二，以培养学生能力为核心。

数学教学的目的之一就是培养学生的数学基本能力，包括思维能力、空间想象能力、分析和解决实际问题的能力。这节课教师结合小学二年级第二学期"东西南北"一课中街区图、方位、路段等知识点进行拓展应用，将知识点教学上升到能力培养层次。学生扮演调度员的角色，在一个小小的"赛车突围"游戏中展开探索活动，逐步解决从四辆到八辆赛车的调度问题。每进行一轮尝试，教师便引导学生分析窍门，总结高效、正确的移动方法，并在下一轮尝试中通过增加赛车数量提升难度，通过引入竞争与合作机制提升挑战水平，最终在游戏中提升学生的能力水平。

第三，"赛车突围"游戏设计巧妙。

"赛车突围"游戏的巧妙之处就在于：首先，它能够与方位知识点相结合，这样教师就能够在帮助学生加深知识点学习的同时进行能力的训练；其次，它与导入的动画视频模拟真实交通路况主题一致，并且来源于现实问题，与学生生活经验相关，能够很好地激发学生动机；最后，教育游戏能否被很好地应用不仅取决于教师的教学组织，还取决于游戏与教学内容的相关性和易用性。"赛车突围"便是易用性、可塑性都较强，让学生可以轻松理解规则，让教师可以轻松控制进度调整规则与难度的游戏。这对轻游戏的设计有一定的启发意义。

● 本章小结

本章为大家介绍了《"小熊搬家"教育活动》《"我是小小调度员"教学》等教学设计案例。虽然这些是授之以鱼的过程，但是希望它们能够给大家带来启发，并在学习中感知不同年龄段和不同学科应用游戏化教学法的不同切入点。大家还可以将其中的某些环节经过再设计和创新迁移到自己的课堂中。我们希望大家在掩卷沉思的同时能立刻着手规划整个学期或者某一堂课的游戏化教学设计，现在就开始吧！

Q：在课堂上应用游戏化教学，你还有什么建议呢？

jjwdg_ 王德国：
我推荐《班级优化大师》，该软件有丰富多彩的奖励勋章，40多种反馈类型和多元化评价方式。教师可以配合实物性的奖励，激发学生的学习动机。这款软件为每一位学生设定了专属卡通角色，通过加减分、随机抽选的方式进行角色升级，配合游戏化的规则、界面及音效，能激发学生的好胜心与创造力。

倪子_ 倪丹萍：
上英美文学课，讲到作品《瓦尔登湖》时，如果想让学生感同身受的话，可利用游戏《瓦尔登湖》，让学生在游戏中扮演超验主义代表人物，精心设计的游戏会让学生和教师都受益匪浅！

参考文献

[1] 顾明远. 教育要回归"人的发展"原点[N]. 中国教育报, 2011-07-11（02）.

[2] 汪琼, 尚俊杰, 吴峰. 迈向知识社会：学习技术与教育变革[M]. 北京：北京大学出版社, 2013.

[3] BROPHY J. 激发学习动机[M]. 陆怡如, 译. 上海：华东师范大学出版社, 2005.

[4] 韦巴赫, 亨特. 游戏化思维：改变未来商业的新力量[M]. 周逵, 王晓丹, 译. 杭州：浙江人民出版社, 2014.

[5] 尚俊杰, 蒋宇, 庄绍勇. 游戏的力量：教育游戏与研究性学习[M]. 北京：北京大学出版社, 2012.

[6] 单中惠, 许建美, 龚兵, 等. 福禄培尔幼儿教育著作精选[M]. 上海：华东师范大学出版社, 2009.

[7] 胡伊青加. 人：游戏者[M]. 成穷, 译. 贵阳：贵州人民出版社, 1998.

[8] 丁海东. 学前游戏论[M]. 济南：山东人民出版社, 2001.

[9] KAPP K M. 游戏，让学习成瘾[M]. 陈阵, 译. 北京：机械工业出版社, 2015.

[10] 尚俊杰, 裴蕾丝. 重塑学习方式：游戏的核心教育价值及应用前景[J]. 中国电化教育, 2015（5）：41-49.

[11] 尚俊杰, 庄绍勇. 游戏的教育应用价值研究[J]. 远程教育杂志, 2009（1）：63-68.

[12] 尚俊杰, 庄绍勇, 蒋宇. 教育游戏面临的三层困难和障碍：再论发展轻游戏的必要性[J]. 电化教育研究, 2011（5）：65-71.

[13] 尚俊杰, 李芳乐, 李浩文. "轻游戏"：教育游戏的希望和未来[J]. 电化教育研究, 2005（1）：24-26.

[14] 马红亮. 教育网络游戏设计的方法和原理：以 *Quest Atlantis* 为例[J]. 远程教育杂志, 2010（1）：94-99.

[15] 尚俊杰, 蒋宇. 中国南方发达地区中小学校长教育游戏应用意见调查[J]. 电化教育研究, 2010（8）：100-105.

[16] 肖海明, 尚俊杰. 游戏进课堂：融入学科教学的游戏化创造力培养研究[J]. 创新人才教育, 2015（1）：32-36.

[17] 范云欢, 崔金英. 网络教育游戏评价量规的开发与应用研究[J]. 中国教育信息化, 2008（6）：10-12.

[18] 何克抗. 从"翻转课堂"的本质，看"翻转课堂"在我国的未来发展[J]. 电化教育研究, 2014（7）：5-16.

[19] BAGGALEY J. 全球教育地平线：离我们到底有多远[J]. 北京广播电视大学学报, 2012（6）：29-34.

[20] 蒋宇. 游戏化探究学习模式的设计与应用研究[D]. 北京：北京大学, 2011.

郑重声明

高等教育出版社依法对本书享有专有出版权。任何未经许可的复制、销售行为均违反《中华人民共和国著作权法》，其行为人将承担相应的民事责任和行政责任；构成犯罪的，将被依法追究刑事责任。为了维护市场秩序，保护读者的合法权益，避免读者误用盗版书造成不良后果，我社将配合行政执法部门和司法机关对违法犯罪的单位和个人进行严厉打击。社会各界人士如发现上述侵权行为，希望及时举报，我社将奖励举报有功人员。

反盗版举报电话　（010）58581999　58582371
反盗版举报邮箱　dd@hep.com.cn
通信地址　北京市西城区德外大街4号　高等教育出版社法律事务部
邮政编码　100120